Amar
Más Allá
de la Vida

Carta a mi hijo,
quien murió para
enseñarme a vivir

ELIZABETH
BARALT

Prólogo de
Julio Bevione

A mis amados Demian, Edgar Daniel y Edgar,
con la certeza de que seguimos siendo cuatro

❧

A quienes han perdido un ser querido,
que somos todos, porque todos somos uno

Índice

AGRADECIMIENTOS 7

PRÓLOGO 9

CAPÍTULO I
"Cuando lo Inesperado Tiene Forma de Dolor" 11

CAPÍTULO II
"Comenzando Desde Cero" 33

CAPÍTULO III
"La Manifestación de lo Divino" 43

CAPÍTULO IV
"Más Allá de la Vida" 71

CAPÍTULO V
"Despedidas en la Lejanía" 81

CAPÍTULO VI
"Mensajes Procedentes del Cielo" 101

CAPÍTULO VII
"Sin Miedo a la Muerte 127

Agradecimientos

Comencé a escribir este libro en mi corazón hace más de 10 años. Sus frases me perseguían y, en mi huida, yo buscaba excusas para no darles vida. Por eso, quiero agradecer primeramente a Julio Bevione quien me dio un certero empujón para sentarme a teclear, a principios del 2016.

Estoy agradecida infinitamente con mi amado maestro John-Roger, cuyas enseñanzas en el Espíritu me mantuvieron inspirada durante todo el proceso de escritura. Igualmente con John Morton por su apoyo espiritual.

Doy gracias a cada uno de los ministros del Movimiento del Sendero Interno del Alma, quienes han sostenido la luz para mí y para este proyecto.

Especial agradecimiento para Valentina Izaguirre y Juan Delcan, por su abnegada y amorosa dedicación a la creación de la portada.

A Edgar Larrazábal, mi esposo, y a Edgar Daniel Jorge Baralt, mi hijo, les agradezco sus atinados comentarios y aliento incondicional.

Y a ti Demian Raúl, donde quiera que estés, gracias eternas por tu presencia intangible manifestándose en cada palabra, en cada línea escrita. Sin ti, mi musa mayor, este libro jamás hubiese podido nacer.

Prólogo

~

No hay final, y quizás tampoco exista un principio como lo imaginamos. La vida, que ocasionalmente ocurre en el cuerpo físico, no puede tener los límites humanos. Simplemente, porque viene de Dios. Y nada de lo que viene de Dios conoce límites. Pero, en este mientras tanto, en esta experiencia humana, nos hemos olvidado de esta verdad. Y quizás por eso, lo que creemos que es la muerte se convierte en un regalo que nos devuelve a la vida. Porque cuando estamos despidiendo a un ser querido, también estamos dándole la bienvenida a una nueva manera de sentirlo y reconocerlo. A eso, también le llamamos amor. Quizás, el amor más sublime y el más cercano al amor incondicional. Ya no necesitamos ataduras para amar, ni siquiera la presencia física.

En este libro se respira ese amor. Elizabeth ha logrado poner en palabras, otro de sus bendecidos talentos, los sentimientos más profundos que una madre puede tener por un hijo. Siendo vulnerable para mostrar su mundo interno, haciendo muchas preguntas y consiguiendo algunas respuestas, recordándonos que las almas usan las señales y las sincronías para hacernos saber de su presencia y, sobre todo, recordándonos en cada momento que el amor es un lazo eterno, a prueba de todo.

Esta es una carta de amor de una madre a su hijo. Y también un regalo para todos quienes hemos sentido que somos mucho más de lo que nuestros ojos ven.

Julio Bevione, New York, 2016

CAPÍTULO I

Cuando lo Inesperado Tiene Forma de Dolor

Hay algo mayor a lo que perteneces

En estas páginas voy a apelar a la memoria, esa que se cuela hacia las emociones y me permite revivir momentos en mi mente, y también en mis ojos y en mi piel; porque se trata de momentos inéditos y dolorosos que no me dieron tregua durante casi una década. Todavía están ahí, como acechando; aguardando solamente a que yo los recopile aquí y les dé forma de esperanza para poder evaporarse.

Te amo, Demian. Son las primeras palabras que resuenan claramente al sintonizarme con el soplo de creatividad que ahora invoco. Te amo, Demian. Y, mientras escribo esto, tu intangible presencia se magnifica y tus susurros a mi oído se filtran en dulces tonos que hacen vibrar mi corazón.

Eres el mismo Demian que vi nacer aquella tarde de febrero, en una apacible Caracas de 1978. Sólo bastó un primer contacto de nuestras pieles y miradas para que la fuerza del amor estremeciera cada fibra de mi cuerpo. ¡Instante sublime el de tu nacimiento, Demian! Por primera vez sentía esa poderosa energía entrando en mí, recorriéndome, provocando un imparable llanto de felicidad. Ese día, nos graduamos de madre e hijo.

¿Nos graduamos? Bueno no; realmente, iniciamos la carrera. Te encontraste con una mamá inexperta, llena de miedos y limitaciones, pero suficientemente capaz de transmitirte amor. Fuimos conociéndonos poco a poco, hasta que nos convertimos en los mejores amigos.

¿Te acuerdas cuando te conté mi secreto? Apenas tenías un año e ibas a mi lado en el carro. La pequeña silla ajustada al asiento delantero te sostenía, mientras volteabas tu carita hacia mí. Creí ver un gesto de aprobación en tus ojos cuando me escuchaste decir que estaba locamente enamorada de Edgar, el periodista que trabajaba conmigo. El mismo que tomó tus fotos el día en que naciste. El que me acompañó al médico cuando aún estabas en mi vientre. No podía ocultártelo. ¿Cómo iba a hacerlo si tú eras mi mejor amigo?

¡Ay, Demian, qué bello fue verte crecer! Intranquilo, ingenioso, con tus rulos dorados, encantabas a quienes te conocían. Y yo dichosa porque, además, le abriste los brazos a esa nueva vida por la que me encaminé firmemente, siempre agarrada de tu mano. Ya Edgar no era un secreto. Ahora éramos los tres en un solo abrazo. Por eso, no me sobresalté cuando, agitado y confundido, Edgar corrió hacia mí desde la habitación donde ustedes jugaban, y exclamó:

—¡Me dijo papá, me dijo papá! ¿Qué hago?

A tus dos añitos, ya eras un maestro en dar amor y en ver las bendiciones en situaciones retadoras. Y, a medida que crecías, se engrandecía tu sabiduría. Más de una vez te oí decirle a alguno de tus amiguitos:

—Yo tengo dos papás, y tú no—. Era una especie de trofeo que alzabas para envalentonarte.

Pasaste diez años como hijo único, siendo el centro de la familia. Celebrabas tener tres abuelas consentidoras y un montón de tíos y primos. Suave de carácter, risueño y siempre dispuesto a compartir, también te movías en tu propio mundo inquieto y travieso. No tuve el ingenio de registrar en un diario cada una de tus ocurrencias; nunca sospeché cuánto me hubiese gustado leerlas ahora.

¿Acaso durante la juventud sospechamos el futuro con detalles tan precisos? Yo, al menos, no lo hice. Pero todavía permanecen intactos en mí la imagen de tus besos y el sonido de tus palabras amorosas que nunca escatimabas, y que se hicieron más frecuentes con la llegada de ese pequeño ser que vino a enseñarte una nueva conexión.

Aquel día, cuando lo miraste por primera vez desde tu altura, parado frente a la cunita en la habitación de la clínica, dejaste escapar una frase que iluminó tu cara:

—Mami, este es el día más feliz de mi vida.

Contemplabas a tu hermanito como si hubieses encontrado un tesoro. Observabas sus manos y acariciabas su cabeza con delicados movimientos. Estabas embelesado y lleno de amor por ese bebé que –en aquel mayo del 88– nos convirtió en una familia de cuatro en la que tú eras el hermano mayor de ese "osito de peluche", como te gustaba llamarlo.

Los años transcurrieron rápidamente. Mientras Edgar Daniel iba recorriendo el camino entre "recién nacido" y "niño que va a la escuela", tu adolescencia llegó de sopetón, sin previo aviso. Ya no jugabas beisbol con el uniforme azul y rojo del equipo infantil. Ahora, te divertías en la cancha de basquetbol del edificio, o en la piscina, o pasabas las horas compitiendo con los videos juegos, que después sustituiste por los juegos de rol.

¡De pronto te hiciste tan grande, Demian, que tomabas el autobús tú solo para ir al colegio! Y te enamoraste, y aprendiste a tocar guitarra, y te graduaste de bachiller, y salías con tus amigos a las fiestas, y te inscribiste en la Universidad... Una avalancha de situaciones que pasaron por mis ojos dando por sentado que nunca pararía.

Aún así, seguías siendo mi confidente; te escuchaba y me escuchabas sin prejuicios, y hasta me sugerías cambios en mis reacciones ante ciertas circunstancias. Era maravilloso saber que nos podíamos comunicar con tanto amor y respeto. Se estaba manifestando algo que yo había decretado firmemente durante mi propia adolescencia: "Cuando tenga un hijo adolescente lo voy a consentir mucho, lo voy a entender, y voy a ser su amiga". Sería una reivindicación del rigor familiar que viví en aquellos años, a finales de la década del 60, cuando aún yo no entendía que los padres hacen lo que pueden con la información que manejan. Y, también, en ese rebelde tiempo del "Poder Joven", tomé otra firme decisión: "Cuando tenga un hijo, lo voy a llamar Demian", como el título de la novela de Herman Hesse a quien leía con la misma devoción que se siente ante un admirado gurú.

La verdad es que tu nombre significó un nuevo reto para mí. Con él, me enfrenté tácitamente a los gustos tradicionales de la familia, a pesar de haberlo camuflado con un segundo nombre. *Demian Raúl* resultaba más aceptable para todos. Pero, aún así, no podía evitar las frecuentes preguntas: "*¿Damián*, como el personaje de la película diabólica?". Y yo, haciendo hincapié en la letra *e*: "No, De-mian, como el título del libro de Hesse". Para ti, el reto fue mayor. Literalmente, te indignabas cuando alguien – especialmente si era alguien de tu edad– te decía *Damián*. Hasta que, cansado de tanta aclaratoria y alguna que otra burla, un buen día me dijiste:

—Mamá, ahora le digo a la gente que me llamo Raúl.

Fue tu decisión y yo la respeté sin trauma alguno. A veces eras Demian y a veces eras Raúl, te adaptabas a ambos como pez en el agua. Yo seguí llamándote Demian, y los dos nos seguimos adorando.

Me ufanaba de tener un hijo tan bello y amoroso como tú, siempre dispuesto a ayudar a cualquiera con sus palabras y sus gestos; y siempre levantando banderas rojas cuando me dejaba llevar por la ira o la auto importancia. Te convertiste en el vigilante de mis limitaciones.

Pienso que naciste con el don de hacer amigos fácilmente. Porque los tenías a montones. Poseías la habilidad para complacerlos, escucharlos y mostrarte bondadoso con cada uno de ellos. Ya no sólo eran las amistades que fuiste cultivando durante todos los años que vivimos en el mismo edificio situado en aquella montaña; luego se unieron los amigos del colegio, los de la Universidad y los que hiciste en los seminarios Insight donde encontraste un camino de inspiración. Nunca supe cómo te las ingeniabas para tener a tantos compinches juntos conversando en tu habitación y, a la vez, complacer las peticiones de Edgar Daniel para quien eras algo así como un ídolo. Diez años de diferencia en las edades de ustedes marcaron esa entrañable relación.

Pese a tal adoración, fue precisamente tu hermanito quien me alertó sobre tu transgresión:

—Mami, Demian está fumando cigarros. Pero, por favor, no le digas que yo te lo dije— me confesó con cierta angustia.

Edgar Daniel no quería revelar tu secreto pero, al mismo

tiempo, sabía que se trataba de una materia de importancia en la familia. Quizás como herencia mía, creciste con el asma a cuestas; y, de los numerosos tratamientos homeopáticos a que te sometiste desde muy niño, pasaste a los alopáticos haciéndote dependiente del inhalador. Definitivamente, el cigarrillo era un asunto prohibido en nuestro hogar. Le agradecí a mi pequeño su infidencia, le expliqué las razones, y le prometí no traicionar su confianza.

¿Te acuerdas cuando hablamos de ese tema? De alguna manera evité revelar mi fuente, pero te hice ver –más claramente que nunca– que el cigarrillo no era una opción para ti. Te sentí apenado y confundido. Estábamos ante una de las pocas cuestiones en las que no coincidimos tú y yo. Me prometiste, entonces, que no fumarías mucho, y que pronto dejarías de hacerlo por completo. A tus 19 años, yo no tenía ninguna forma de controlar tus elecciones diarias. Lo cierto es que el asma recrudeció.

Y un año después –en una madrugada de junio de 1998– tu enfermedad se exacerbó, con saña, con un furor inesperado que nos levantó de la cama para auxiliarte. Apenas podías respirar. Con mucha dificultad, te metimos en el carro para correr hasta el dispensario cerca de casa. Te atendieron de emergencia; tu gravedad era evidente. Mientras te inyectaban y yo daba rienda suelta a mi desesperación, tú le susurraste a Edgar en medio de un estertor: "Me voy, papá, me voy...", buscando la respiración que no llegaba. Y, en segundos, te desvaneciste.

Grité, lloré y, con voz desgarradora, invoqué la ayuda espiritual de mi maestro John-Roger, al mismo tiempo en que te subían rápidamente a la ambulancia para trasladarte a una clínica con mejores recursos.

—No podemos hacer nada más por él— le dijo alguien a Edgar, cuando yo entraba a la ambulancia para colocarme al lado de tu cuerpo inerte.

Sin embargo, no me di por vencida. Yo quería revivirte en ese pequeño espacio por cuya ventana podía ver a tu papá manejando velozmente detrás de nosotros. Y comencé a cantarte una canción al oído, esa que tanto escuchaste de mí cuando eras bebé. "El bebé Demian, es un baby muy bonito...", con aquella melodía que tomé de mi infancia. ¡Pero, no reaccionabas! Te cantaba, le suplicaba a Dios, le hablaba a John-Roger, tocaba tus manos frías, veía tus uñas moradas, lloraba, te pedía que no te fueras, no sentía tu aliento, te observaba pálido y sin expresión... ¡Qué minutos tan eternos en esa triste madrugada, mi amado Demian!

Al llegar a la clínica, todo sucedió rápidamente. Bajaron la camilla y te llevaron con apresuramiento hasta la sala de emergencia, te auscultaron y tomaron el pulso, te dejaron a un lado y nos comunicaron que ya no tenías signos vitales... Mis plegarias en la ambulancia no habían valido de nada. Habías muerto. Grité muy duro y lloré desconsoladamente, abrazada a Edgar, mirándote tendido en ese frío lugar ajeno a nuestras vidas.

Minutos después, repentinamente –así como suelen suceder los milagros– vimos cómo reclinabas tu cuerpo mientras decías con ansiedad: "¿Dónde estoy?". Dios mío, ¡qué maravilloso instante! Corrieron a auxiliarte, te inyectaron, te colocaron oxígeno, te estabilizaron; mientras yo seguía llorando pero, esta vez, con una extraña mezcla de emociones que, aún hoy, no puedo describir. ¡Estabas vivo, respirabas y te irías de vuelta con nosotros! Con tus ojos abiertos, me sonreías levemente desde la camilla. Aún exhausto y débil, pude abrazarte y sentirte nuevamente como tú eras.

Ya en casa, durante ese domingo de junio dormiste profundamente. Yo apenas pude conciliar el sueño debido a tanta exaltación que aumentaba con cada llamada telefónica de familiares y amigos cercanos. Iban llegando para celebrar, no solo mi cumpleaños –que prodigiosamente fue ese mismo día– sino también tu renacer. Y yo seguía sin poder contener el llanto. Silenciosamente, de vez en cuando abría la puerta de tu habitación para mirarte tumbado en la cama. ¡Aún no lo podía creer! ¡Estabas vivo! Mis lágrimas no paraban de salir, no sólo porque la alegría era enorme sino, también, porque no podía borrar de mi mente la imagen de tu cuerpo inmóvil en la ambulancia.

En un momento dado, me asomé a tu cuarto y te vi despierto. Traté de disimular el llanto para hablarte, pero no lo logré. Aún acostado, con el cabello revuelto, me miraste mostrando una firme seriedad no acostumbrada en ti.

—Mami, cierra la puerta que quiero hablar a solas contigo— dijiste sin ningún preámbulo.

Entré y me senté junto a ti, intentando descifrar la solemnidad de tus palabras. Con mucha atención te escuché, mientras hablabas pausadamente, dándole énfasis a cada oración:

—Primero que nada, prométeme que no vas a repetir lo que te voy a contar. Y mucho menos se lo digas a mis amigos, porque podrían pensar que me volví loco.

En esa ocasión hubiera hecho cualquier cosa que me pidieras, con sólo saberte sosegado. Por supuesto, te prometí que esa conversación quedaría entre los dos, ansiosa por tu confidencia y abierta a enterarme de cualquier secreto por muy perturbador que este resultara. Todavía hoy puedo oír tu fascinante confesión, Demian. Calmadamente y con placidez, me dijiste:

—Mami, por favor, no sigas llorando porque no hay ninguna razón para hacerlo. Yo no sufrí absolutamente nada. Te juro que me fui a un lugar demasiado bello. Era tan bello que no me quería regresar. Y, desde ahí, podía ver todo como si fuera una película. Vi a mis amigos, inclusive a los de mi infancia, a mis juguetes, los lugares donde jugábamos; veía todo en imágenes que iban pasando. Me encontraba en un lugar bellísimo, era como un jardín lleno de paz. Yo no sufrí nunca, mamita; no me dolía nada. Al contrario, estaba tan feliz que no me quería regresar. Creo que el amor que siento por Laura fue lo que me hizo volver. No soporté saber que no la volvería a ver. Así que deja de llorar, porque no ha pasado nada malo...Te amo, mamita. Y no quiero que sigas sufriendo.

Te abracé sin atinar palabras, en un silencio donde sólo cabía el amor. No tenía elementos para comprender cabalmente la experiencia que me acababas de contar; y, sin embargo, estaba completamente segura de su veracidad. Intuí que habías vivido algo sumamente sagrado para lo cual yo no tenía explicación, ni pretendí buscarla. Yo apenas comenzaba a recorrer un sendero, guiada por las enseñanzas espirituales de John-Roger, fundador del Movimiento del Sendero Interno del Alma. Iniciaba mis primeras aproximaciones a Dios, a mi mundo interior; empezaba a darle sentido a una vida que había recorrido sin propósito místico hasta un par de años atrás, al avanzar en los 40.

Sin duda alguna, en aquel domingo de cumpleaños se produjo una situación mágica entre los dos. Ahora lo veo como una especie de pacto tácito de almas al reconocerse. Tu relato fue un bálsamo para mí, Demian; me tranquilicé y coloqué tus palabras en algún lugar de mi corazón. Y a la vez, te percibí aliviado por haberme comunicado tu intensa y nítida vivencia. Recogimos ese instante divino y lo guardamos en un cofre secreto que sólo abriríamos en la ocasión precisa.

Tú, a los 20 años, continuabas sin elección religiosa alguna. No te induje hacia ningún rumbo. Desde muy joven, supe que el catolicismo en el que me habían criado no despertaba certeza ni confianza en mí; y me declaré ajena a esa religión –y a cualquier otra– dejando a un lado lo que fue una herencia de familia prácticamente obligatoria. Cuando ya eras un muchachito que ibas a la escuela, mis padres decidieron, por su cuenta, llevarte a bautizar con el cura de su iglesia. Tu "mamita", como me decías, no había hecho nada para acercarte a esa fe que ella misma no sentía. Siempre quise dejar abierto aquel espacio intangible para que, a tu ritmo, lo llenaras según tu propio albedrío.

En plena adolescencia, te entusiasmaste con las actividades de los seminarios Insight, familiarizándote con una valiosa información para vivir en armonía en este planeta. Fue una decisión absolutamente tuya. Ciertamente, yo te había contado sobre mi participación en esos talleres –los tomaba periódicamente–, y tú pudiste ver los cambios positivos que se iban produciendo en mí. Pero, cuando me atreví a insinuarte que hicieras uno, tú rechazaste la idea de plano. Hasta que un buen día, me sorprendiste:

—Voy a inscribirme en el seminario— anunciaste.

—¡Qué bien! Yo les voy a comunicar que no voy a estar como asistente; así te sentirás con mayor libertad para participar— te respondí.

—No es necesario, mami. No hay nada que tú no sepas de mí.

Y ese fue el primero de muchos talleres que tomaste, porque decidiste apoyar sus actividades delineándote, así, un camino para ser aún más amoroso y entusiasta por la vida. Aunque en esa organización no hacen referencia a Dios o a cuestiones espirituales, encontraste en ella una fórmula de conectarte contigo mismo y con tu espacio interior.

Me resultó maravilloso advertir que, a los 20 años, ya transitabas una senda que yo había emprendido sólo dos años atrás, y que además manejabas herramientas vitales con mucha habilidad. En aquel entonces, tú y Edgar Daniel fueron el mayor empuje para mi desarrollo espiritual, —mi acercamiento a Dios— guiado por John-Roger en el Movimiento del Sendero Interno del Alma (MSIA)[1]. Me sedujo su ausencia de rituales, de sermones, y de alusiones al pecado o a la culpa. El único templo necesario lo tenía muy cerca de mí; porque aprendí que el cuerpo es el templo del alma y que esta –mi ser verdadero– se encuentra permanentemente a mi disposición, para enriquecerme con su amor y su luz. Mientras mi paz interior iba creciendo, se desarrollaba mi intuición para relacionarme contigo y con tu hermano en un verdadero flujo de amor.

En junio del 98 –para el tiempo en que te sucedió ese evento glorioso e inexplicable– yo estaba sumergida en la práctica de ejercicios espirituales con tonos sagrados, en la lectura de disertaciones sobre el conocimiento del alma, y en las clases de la *Maestría de Ciencia Espiritual* que dictaba el MSIA en Bogotá una vez al mes. Me enfoqué en aprender las claves para lograr una vida espiritual en mi día a día. Combinaba mi trabajo, como productora de cine y video, con estos estudios y experiencias que iban haciendo más placentera mi realidad. Sentía un gran entusiasmo y alegría por aprender y avanzar, como si necesitara recuperar un tiempo perdido.

---

[1] De su nombre original en inglés, Movement of Spiritual Inner Awareness. Para más información sobre John-Roger y el MSIA, consultar la página web msia.org

O como si estuviese a punto de conocer la verdadera esencia de mi propia existencia.

Cuando me compartiste tu mágico secreto me llené de gozo, aún sin saber cómo interpretarlo. Y a partir de ese domingo observé cómo tú, mi amado Demian, te habías embellecido aún más. Tu energía era más suave; sentía una especial cadencia en tu voz y en tu mirada; y tus palabras y gestos amorosos se multiplicaron. Sin embargo, había algo que te hacía falta. Eso me lo confesaste unos días después:

—No sé qué me está pasando. Me va bien en los estudios, me llevo bien contigo y con mi papá, no tengo problemas con mis amigos, pero siento que algo me hace falta y no puedo determinar qué es. Es un sentimiento muy extraño.

Hubiese querido tener una respuesta a tu incertidumbre, para aplacar la ansiedad que noté en ti. Sólo me atreví a mencionar el gran amor que sentías por aquella chica que no te correspondía. Tú desechaste ese argumento, de inmediato. Ese no era el motivo de tu sensación de carencia; insististe en que se trataba de algo más profundo que no podías definir.

Te confieso que mi mayor preocupación en esos días era el asma que estaba siempre ahí, merodeándote. Volvimos a intentar los procedimientos naturistas, con un especialista recomendado por muchos. Esta vez, los exámenes arrojaron novedades sobre tu salud: eras alérgico al trigo. Y, así, junto a una dieta de alimentos, comenzaste un nuevo tratamiento intensivo.

Batallaste contigo mismo para rechazar todo lo que pudiera contener trigo. Sé lo difícil que se te hacía ganar esa pelea, Demian. En esos años, no contábamos con las alternativas *gluten-free*. La única opción era decirle *no* a las hamburguesas o a los perros calientes, a las pizzas, las pastas, los sándwiches... ¡tus comidas preferidas! Después supe que las seguías eligiendo cuando comías fuera de casa. ¿Y quién no lo hubiera hecho a los 20 años?

Habían pasado dos meses desde aquella trágica madrugada y aún no reflejabas una mejoría física sustancial. La tos te perseguía constantemente, aunque tu placidez, afectuosidad y buena energía no disminuían. Al contrario, aumentaste la dosis de "mamita, te amo", acompañada siempre de un abrazo. Pese a ello, en algún momento me repetiste que extrañabas algo sin saber lo que era exactamente. Y, al igual que la vez anterior cuando lo conversamos, este tema quedó en el aire diluyéndose en nuestras miradas hacia lo incierto.

Así, amanecimos ese sábado de agosto del 98. Juntos nos fuimos al consultorio del médico para una sesión de sueros prevista durante la mañana. Eran sueros que te aplicaban para oxigenar la sangre. Y yo, solidaria y consentidora, me los hacía aplicar también. Además, pensaba que podían mejorar mi cuadro asmático que se agudizaba de vez en cuando, junto a mis episodios alérgicos.

Aún conservo la imagen de nosotros dos, sentados uno al lado de otro con las agujas en los brazos, esperando que se vaciaran las botellas de suero mientras comentábamos alguna trivialidad. Yo te miraba: hermoso, sonriente, sereno, con tu largo cabello castaño claro recogido en una cola. De ninguna manera tenías "cara de pánfilo", como te describiste a ti mismo observando la foto que te tomaron dos días antes para la inscripción en el gimnasio. Eras un bello veinteañero con un enorme corazón.

Cuando llegamos a casa, me comentaste que te sentías indispuesto, como si te comenzara una gripe. Pasaste la tarde reposando. No estabas bien y decidiste cancelar el encuentro con tus amigos, a pesar de ser una noche de sábado. Varios de ellos, los más cercanos, te llamaron por teléfono y tú rechazaste sus propuestas para salir. Mucho más tarde, contestaste la llamada de un compañero de clases a quien conocías recientemente. Te oí decirle:

—Bueno, pasa por mí. Te espero abajo.

—Demian, ¿por qué vas a salir? Te sientes mal. No deberías irte a la calle a esta hora de la noche— te dije preocupada, cuando colgaste la llamada.

—Tranquila. Sólo voy un rato a dar unas vueltas. Me siento como encerrado— me contestaste y te fuiste a cambiar de ropa.

Ese sábado, tu papá no estuvo de buen ánimo y se había acostado muy temprano, casi a la misma hora en que tu hermanito se quedó dormido plácidamente. Yo me fui a la sala a mirar por el ventanal hacia las montañas que tantas veces fueron testigos de mis pensamientos. Parada ahí, absorta, con una repentina y aguda tristeza, sentí que te acercabas por mi espalda. Me volví hacia ti, y me topé con tus ojos acaramelados. Me miraste fijamente en medio de mi silencio lloroso, y luego me abrazaste con calidez mientras susurrabas:

—Tranquila, mamita. Ya vengo. Te amo mucho.

Hiciste una pausa y soltaste una frase inesperada para mí:

—Tú eres fuerte.

Esa fue la última vez que escuché tu voz. Cuando volteé de nuevo hacia las montañas, percibí el sonido de la puerta que cerraste detrás de ti. Observé el oscuro paisaje un rato más y, casi a la media noche, decidí irme a dormir.

No sé cuánto tiempo pasó después; ¿media hora? ¿una hora?. No lo recuerdo, Demian. Pero lo que sí recuerdo es mi despertar agitado con el timbre del teléfono y aquella voz desconocida y alterada que me decía:

—Señora, su hijo está mal.

—¡¿Qué pasó?! ¡¿Qué pasó?!— grité y, al mismo tiempo, Edgar saltó de la cama mirándome con angustia.

—Estábamos en el carro y él comenzó a toser, y no podía respirar. Lo llevamos a la clínica de la Trinidad, pero ellos no tienen emergencia. De ahí, nos mandaron para la clínica

Leopoldo Aguerrevere. Aquí estamos— me explicó la voz atribulada.

—¡Llamen a una ambulancia para que lo lleven al Urológico San Román!

—Es que lo están atendiendo aquí, pero parece que no pueden hacer nada.

—¡No, no, no! ¡Eso ya le pasó hace poco! Yo misma voy a llamar a una ambulancia. Quédense ahí con él. ¡Voy a llamar a la ambulancia!

Colgué y, sollozando, le conté a Edgar lo que sucedía. Él se vistió apresurado para irse a la clínica de inmediato; y me pidió que despertara a Beatriz –vecina y mamá de Juan Carlos, uno tus amigos más cercanos– para que me acompañara.

—Yo te llamo desde la clínica cuando llegue allá. Todo va a estar bien, mi amor — Edgar trató de calmarme en medio de su propia zozobra.

Nos abrazamos y, apenas él salió de la casa, busqué el teléfono de las ambulancias. Comencé a llamar desesperadamente, mientras hacía plegarias a Dios. En ese instante, yo no dudaba en absoluto que ibas a mejorar, Demian. Marqué el número varias veces, insistentemente, una y otra vez, sin poder comunicarme. ¡Dios mío, ayúdame a encontrar una ambulancia! No va a pasar nada malo. Ya esto te había sucedido. Dos meses atrás, te llevamos a esa clínica y ahí reviviste. Ahora sería igual. La ambulancia, necesito la ambulancia. Otra vez, y otra vez... marcaría el número todas las veces necesarias.

—¡Ay Dios, ayúdame! —imploré.

Y, de pronto, el timbre del teléfono repicó de nuevo. Contesté, esperanzada. Era Edgar. Con suavidad, despacio, abatido por el dolor, me dijo lo que nunca creí que iba a escuchar:

—Mi amor, no hay nada que hacer. Es definitivo... Demian murió.

Las palabras de Edgar retumbaron en mi cabeza. Yo estaba sola, parada a un lado de la cama y, en fracciones de segundos, sucedió algo que conservo en mi memoria con una gran nitidez: me vi a mí misma literalmente muy pequeña, pequeñísima, atrapada en una infinita bóveda negra, mientras una voz interior me decía claramente:

—Tú no controlas nada. Eres un punto en el Universo. Hay algo mayor a lo que perteneces.

Cuando me lo propongo, soy capaz de evocar esta escena con la misma intensidad y poder como se produjo. Sí. Es cierto. Yo escuché la voz del Universo enviándome un contundente mensaje que me mantuvo paralizada durante varios segundos. Luego, al reaccionar, comencé a repetirme muchas frases en mi mente:

—Sucedió. Sí sucedió. Demian está muerto. Esto está pasando.

Es verdad. Me está pasando. ¿Dónde estás, Demian? ¿A dónde te fuiste, mi amor? ¿Por qué nos pasa a nosotros? No lo merecemos. Somos buenos. Nuestra familia es muy linda. Dios mío, ¿por qué?—. Una y otra vez, me repetía las mismas palabras envuelta en un torbellino de lágrimas y hondo pesar.

A partir de ese momento, una cadena de eventos se fue dando delante de mí, como escenas de una película que yo podía pasar a mi antojo. Observaba algunas y obviaba otras, para adelantarme hacia la próxima. Las llamadas telefónicas, la noticia que repetía, el apoyo inmediato de los amigos, la conversación con mi hermano Luis Enrique, la toma de decisiones, la sesión de reiki en mi cama, el rencuentro con Edgar, el amor incondicional, la invocación de la luz, el llanto indetenible, las oraciones...todo se juntó en esa borrosa y lacerante madrugada de agosto.

Hasta que amaneció y vi a tu hermanito, recién despierto, abriendo la puerta de su cuarto. Nos miró con extrañeza a Edgar y a mí, mientras caminábamos hacia él.

—¿Qué pasa, mami?—susurró temeroso.

A sus diez años, él podía captar perfectamente nuestra consternación. Lo tomé de la mano, lo llevé hasta nuestra cama y lo senté sobre mis piernas. Mientras lo arropaba con mis brazos, le dije serenamente:

—Mi amor, ¿te acuerdas lo que sucedió hace unos meses con Demian, aquel día que lo llevamos a la clínica?

—Si, mami... No me digas que le volvió a pasar lo mismo...

—Si, le pasó de nuevo. Sólo que esta vez no pudieron hacer nada por él. Ya no va a regresar a casa.

—¡No! ¿Quiere decir que se murió?

—Si, mi amor.

—¡No!—suplicó entre lágrimas—Yo no quiero ser hijo único... Éramos cuatro y ahora somos tres...

CAPÍTULO II

Comenzando desde Cero

*Una montaña rusa
que nunca se detiene*

Aprender a vivir sin ti, Demian. Ese fue el reto que se me impuso en un santiamén. Un reto que percibí como cruel; un reto que yo no elegí y para el cual nadie me había entrenado. Durante tantos años de estudios, nunca escuché a un profesor dando instrucciones sobre cómo seguir adelante después de la muerte de un hijo o de un ser muy querido. Tampoco me lo enseñaron en mi familia, ni mis amigos, ni los libros, ni las películas, o los programas de televisión.

Pero, al menos, para el momento de tu partida ya manejaba puntos de referencias espirituales. Afortunadamente, yo había reconocido al Dios que reside dentro de mí, y sabía utilizar claves para observar las adversidades de la vida con una altitud tal que me impedía jugar el rol de víctima. Sin embargo, no era suficiente; en esta adversidad, el dolor permanecía clavado en mi corazón como un puñal invisible que se hundía poco a poco, con cada recuerdo, con cada silencio en tu habitación, con tu ausencia toda, minuto a minuto.

Por eso, tan sólo siete días después de tu despedida, viajé a Bogotá para tomar la clase de la *Maestría de Ciencia Espiritual* que venía realizando desde principios del año. Ansiaba, por encima de todo, asistir a esas sesiones magistrales que se realizaban una vez al mes. Era un deseo profundo más allá del mero compromiso. Lo único que me hacía dudar era la idea de separarme de tu papá y de tu hermano durante tres días. Ellos estaban sufriendo la misma pena y, de una manera u otra, yo era su mayor soporte emocional. *"Tú eres fuerte"*; te oía pronunciar esas últimas palabras, cuando los veía a ellos dos hundidos en el desconsuelo. Y, entonces, me secaba las lágrimas, y los acurrucaba, y les brindaba mi amor, el mismo que ellos me daban a mí.

Mis entrañables amigos del MSIA hicieron los arreglos para que viajáramos los tres juntos a Bogotá. Especialmente, Mercedes Montero, Magaly Sánchez y Santos Gómez –quienes también cursaban la Maestría– se convirtieron en mis ángeles guardianes. Así, desconsolada y llorosa, me subí al avión para llegar a aquel salón donde un centenar de personas me envolvió en una potente luz impregnada de unicidad y amor, difícil de describir ahora. Por primera vez en mi existencia, sentí la grandeza de Dios y creí estar bien cerca del cielo. Mientras yo recibía enseñanzas y bendiciones en un entorno sagrado, tu hermano y tu papá distraían su aflicción recorriendo lugares nuevos para ellos. Una breve pausa a tanta pesadumbre.

Regresé a Caracas con cierto refuerzo espiritual para comenzar el proceso de aceptación de tu ausencia física. Era necesario admitir internamente una realidad irreversible: ya no estabas físicamente. Debía aceptar que nunca más recibiría tus abrazos, que no te sentarías otra vez a comer con nosotros; no conversaríamos de nuestras cosas, no haríamos planes contigo, ni tus amigos vendrían a buscarte, ni tocarías la guitarra, ni harías chistes; tu habitación se iría vaciando: tu ropa, tus libros, discos, juegos, pasarían a otras manos, a otros lugares; no te graduarías en la universidad, no te casarías, ni tendrías hijos...un *no* multiplicado por infinidad de situaciones. ¿Qué podía llenar tanto vacío, Demian?

Para ello, contaba con una pista que había hallado en el MSIA. Una verdad que había leído y escuchado muchas veces dándola por sentado; pero, ¡qué difícil se me hacía aplicarla a tu transcendencia! Sin embargo, me encontraba en la ocasión precisa para comenzar a concientizar esa verdad: somos almas viviendo dentro de nuestros cuerpos. Me lo repetía a diario: somos almas, espíritu, energía divina, luz –o cualquier otro nombre que describa nuestra esencia– aprendiendo a vivir dentro de estos caparazones maravillosamente diseñados que llamamos cuerpos, para poder cumplir nuestras misiones en este planeta. Y el alma, lo que nosotros realmente somos, nunca muere. ¿Cómo podía lograr que esa afirmación pasara a ser una certeza absoluta para mí, Demian?

Muy dentro de mí, sabía que encontraría la salida. Pero, primero debía transitar por la fase de duelo, de separación; enfrentar la intensa respuesta emocional al dolor de una pérdida, como bien lo definió la doctora Elisabeth Kubler-Ross[2]. Fue un tiempo de reajuste de mi vida, de adaptación a un nuevo estado de ser, de reflexión minuto a minuto, mientras atravesaba por el abatimiento y el llanto incontenible.

El pesar me golpeó tan duro que, pocos días después de regresar de Bogotá, me hospitalizaron con una fuerte neumonía. Yo tampoco podía respirar. Quizás, inconscientemente, deseaba irme detrás de ti. Estuve en aquella habitación de la clínica durante varios días, bajo un intenso tratamiento, recibiendo visitas que aún lloraban tu muerte y que hacían esfuerzos por alentarme. Edgar y Edgar Daniel, doblemente descorazonados, reflejaban el miedo en sus rostros junto a las caricias y palabras de amor que multiplicaban para mí. Yo apenas atinaba a pensar con claridad, mientras lidiaba con la profunda tristeza, la fiebre y los medicamentos. Sólo sabía que tú no estabas.

Cuando todavía me hallaba hospitalizada, tu hermanito me hizo una petición muy formal:

—Mami, ¿ahora sí puedo tener un perrito? ¿Podemos buscar uno?

---

2 Reconocida psiquiatra y escritora suiza-norteamericana, autora del célebre libro "On death and Dying" ("Sobre la Muerte y los Moribundos", en su edición en español).

Accedí de inmediato, sin dudarlo. Mi pequeño hijo adorado intuía una vía para llenar un espacio vacío en nuestra casa. Tu papá se apresuró y llamó a su primo veterinario para pedirle consejos sobre un nuevo miembro de la familia. Fue en ese momento cuando evoqué un episodio que sucedió un día antes de ingresar a la clínica. Yo estaba en mi habitación recibiendo un suero para subir las defensas, suministrado por un enfermero que envió el médico a nuestra casa. Aún no sabíamos que mi alta fiebre se debía a la neumonía. Me sentía débil y afectada emocionalmente al extremo. De pronto, el enfermero –sentado junto a mi cama– me dijo:

—¡Qué lindo es su perrito!

—¿Cuál perrito? Nosotros no tenemos mascota— le contesté.

—Pero, acabo de ver uno salir de esta habitación.

A esas alturas, podía ocurrir cualquier cosa a mi alrededor sin sorprenderme. ¿Acaso había una mayor sorpresa que tu partida, Demian? Sin prestarle mucha atención a su extrañeza, le repetí al enfermero que no había ningún perrito en nuestro hogar. Y él insistió con mucha seriedad:

—Yo lo vi claramente, señora. Era un cachorrito blanco y muy peludo. Pasó corriendo hacia la puerta—dijo, seguramente pensando que yo estaba perdiendo mis facultades mentales.

Esa escena la guardé ahí, en el espacio de asuntos no importantes para mí durante aquella dura circunstancia de mi vida. Ni siquiera lo comenté con Edgar. Realmente, estaban sucediendo muchas cosas a la vez. Mi fiebre no paraba, respiraba con dificultad y, al siguiente día, me diagnosticaron la neumonía que me mantuvo en la clínica durante más de una semana.

La mañana en que me dieron de alta, tu abuelita Juana nos acompañó a los tres de regreso a casa. Ella –mi adorada madre, la que tanto te amó y cuidó– se quedó conmigo mientras tu hermano y tu papi salían a cumplir una urgente misión: encontrar la mascota que tanto ansiaba Edgar Daniel.

Horas después, ambas conversábamos sentadas en el cuarto cuando escuchamos a Edgar abrir la puerta principal. Aún recuerdo el sonido producido por unas patitas corriendo sobre el piso de parqué, para atravesar velozmente la distancia entre la entrada del apartamento y nuestra habitación. Y ahí apareció esa motita blanca, muy peluda, que de un solo salto se subió sobre mis piernas. ¡Ay, qué bendición, Demian! Por primera vez desde tu despedida, nos contagiamos de risas. Lo abracé, sentí sus lamidos y lo amé instantáneamente. Era un cachorrito Poodle –al que tu hermanito llamó Benji– idéntico al perrito que, mágicamente, pudo ver el enfermero una semana antes.

Podría decir que la magia siempre estuvo con nosotros durante todo el proceso. Había comenzado dos meses atrás, el día de mi cumpleaños y de tu renacer. ¡Oh Demian, cuánto te agradecí el regalo que me diste aquel domingo! Estaba llegando la hora de abrir el cofre donde lo guardamos después de nuestra secreta conversación en tu habitación; quizás, ya era el momento de observarlo en su plenitud. La narración de tu viaje al otro lado de esta existencia cobraba mayor relevancia. Quería recordar palabra por palabra, exactamente todo lo que me dijiste. Me extasiaba al rememorar tu voz mientras decías: *"Te juro que me fui a un lugar demasiado bello. Era tan bello que no me quería regresar".*

Lamenté no haber insistido en que me contaras más detalles. No te pregunté absolutamente nada sobre tu experiencia; precisamente yo, quien siempre hago preguntas tras preguntas hasta quedar satisfecha. Esa vez no indagué más allá de lo que me dijiste; y ya tú no estabas para responderme. ¿Qué había en ese jardín lleno de paz donde llegaste? ¿Hablaste con alguien en aquel lugar? ¿Sabías que habías dejado tu cuerpo? ¿Cómo se te presentaron esas imágenes de tu infancia? ¿Reconociste alguna energía divina, alguna señal mostrándote que te habías ido a otro plano?

No había manera de obtener tus respuestas cuando yo más las necesitaba. Ese había sido mi primer acercamiento a lo que llaman vida después de la muerte. Tú quisiste que yo lo viviera, amado hijo. Fue un regalo que me diste porque, quizás, ya sabías que pronto sucumbirías ante la ferocidad de tu enfermedad. Y por eso me empeñé en recordar tus palabras para aceptar y entender lo que tú, el verdadero tú, estaba viviendo en el espléndido lugar que me habías descrito.

A pesar de tal consuelo, mis días pasaban con subidas y bajadas emocionales; sentía como si estuviera a bordo de una montaña rusa que nunca se detenía y que, por el contrario, aumentaba su intensidad de vez en cuando. Me hallaba sumamente agotada y, a la vez, tenía dificultad para dormir. Y, cuando dormía, mis despertares se convertían en pesadillas porque al abrir los ojos confirmaba, nuevamente, que tú ya no regresarías.

Además de mi estado emocional, la recuperación de la neumonía limitó mi actividad física durante un tiempo. Pasé muchos días reponiéndome en casa, donde el vacío se hacía más evidente. Mis caminatas desde la habitación hasta la sala culminaban con la visión de aquella cajita de madera que guardaba las cenizas de tu cuerpo gritándome la penosa realidad. Se me hizo urgente completar lo que habíamos decidido días atrás: regar las cenizas en el mar, cerca del faro de la Isleta de Puerto Píritu, ese lugar que amabas y donde disfrutabas refugiarte.

Tu padre, tu hermano y su amiguito Edgardo cumplieron la misión, mientras yo –aún convaleciente– esperaba en tierra firme junto a Benji, con la prohibición médica de montarme en la lancha que conectaba con la Isleta. Agradecí infinitamente la decisión que tomamos. A partir de entonces, no tendría ninguna atadura física que me impidiera sintonizarme contigo en cualquier lugar del mundo. Así te sentí: emprendiendo un hermoso e indetenible vuelo.

Recuerdo esas primeras semanas sin ti como un desfile de imágenes borrosas. La vida había perdido su brillo; los colores se mostraban opacos y las voces se desvanecían a mi alrededor. Entré en un ritmo lento, fatigoso, de desgano. Un peso enorme sobre los hombros me hundía donde estuviera, y otras veces me obligaba a ir en cualquier dirección sin rumbo fijo. Me sucedió una mañana, en el centro comercial por donde caminaba como autómata entre el bullicio de la gente, cuando me tropecé con un grupo de muchachos de tu edad. No pude contener el llanto. Me acerqué abruptamente a uno de ellos y le dije para su asombro:

—¿Sabes? Mi hijo se murió hace poco. Era como tú, de tu misma edad—. El joven de tez morena y sonrisa dulce tenía buen corazón. Me escuchó y me habló amablemente.

—Cálmese, señora; no llore, que eso no le hace bien.

—Es que él hubiera podido estar aquí divirtiéndose con sus amigos, así como están ustedes—. Yo buscaba una respuesta donde no la había. Y el jovencito se enfrentaba a una situación dolorosa sin saber cómo manejarla. Le agradecí su gentileza, le di unos cuantos consejos, lo abracé y seguí mi camino recordándolo hasta hoy.

Durante esa etapa de fuerte desajuste emocional, hice un largo receso en mi trabajo. Sabía que no podía manejar la vorágine diaria. Y, además, las circunstancias se hicieron aún más difíciles porque –precisamente en tu funeral– perdí el bolso con mis documentos personales, los lentes para leer y el aparato electrónico con todos mis contactos... Sentí que Dios me estaba enviando un mensaje claro y preciso: "Elizabeth, comienza a vivir completamente desde cero". Y así lo hice. ¿O es que vivir sin tu presencia no significaba comenzar desde cero?

Me encontraba pasando por las primeras fases del duelo. Desde la negación rotunda de lo sucedido hasta la depresión instalada en los huesos para mantenerme inmóvil. La pesadilla continuaba ahí, de noche y de día, sin parar. Hasta que, gradualmente, comencé a tomar en cuenta pequeñas señales de algo grandioso que podía sacarme a la superficie. Así, lo extraordinario se fue repitiendo en mi entorno. Indicios de tu presencia etérea se manifestaban de distintas formas; como si fueran recados que tú me enviabas para aplacar mi sufrimiento. Se sucedieron hechos impresionantes e inesperados en los que, de alguna manera, siempre estabas tú.

CAPÍTULO III

La Manifestación de lo Divino

Experimentando otros niveles de conciencia

Tu ausencia física afianzó aún más mi relación con Edgar; ambos nos convertimos en el mayor apoyo de cada uno. Al fin y al cabo, nuestros familiares y amigos tenían sus propias contingencias que atender. Habían quedado atrás el funeral y la cremación, donde recibimos una fuerte corriente de amor de muchísimas personas, más de las que hubiese jamás pensado; donde te vimos multiplicado en cada uno de tus amigos –Michael, Chris, Juan Carlos, Acacio, Luis, otro y otro y otro más– quienes deambulaban sin consuelo por los fríos pasillos de ese lugar de despedida. Pero, la vida continuó su ritmo y todos volvieron a sus prioridades. La de nosotros: sanar el dolor ocasionado por tu partida.

Nos refugiábamos en nuestra habitación donde compartíamos lo que sentíamos o, simplemente, llorábamos sin decir palabras. Aunque procurábamos mantener distraído a Edgar Daniel, tu hermanito estaba con nosotros la noche en que tu papá –sentado en la mecedora cerca de nuestra cama– tuvo una repentina experiencia de esas que llaman "sobrenatural". Yo me encontraba arrellanada sobre las almohadas, frente a un Edgar sumamente deprimido y descorazonado.

—¿Por qué nos pasó esto? ¿Qué hemos hecho mal, Eli?— se quejaba con voz entrecortada— Me siento muy revuelto y hasta culpable. También me desespera verlos a ustedes dos tan tristes. No se cómo voy a superar todo esto...

De pronto, vi cómo Edgar se quedó prácticamente paralizado y cambió la expresión de su rostro. Las lágrimas comenzaron a correr por su cara mientras atinó a decir, pausadamente y sin moverse:

—Demian está aquí; lo estoy escuchando. Tiene sus manos puestas sobre mí. Lo estoy sintiendo, Eli. Es él.

—¡Yo no lo siento! ¡Lo quiero sentir! ¿Por qué no me toca a mí?—dije como reacción inmediata. Repetí esas palabras varias veces con la piel erizada, mientras Edgar Daniel nos miraba atentamente.

¡Dios mío, qué alegría sentí! No recuerdo cuántos minutos transcurrieron antes de que tu papá se incorporara de nuevo; y, al hacerlo, se mostró completamente relajado y feliz. Por supuesto, le pedí ansiosa que nos contara lo que acababa de experimentar. Plácidamente, relató:

—Sentí una presencia en la parte derecha de mi cuerpo, detrás de mi oreja. Primero fue como una vibración. Y luego escuché la voz de Demian que me decía: "Tranquilo, papá, tranquilo. Todo está bien". Sentí su abrigo...me abrigó con mucho amor—. No le buscamos una explicación lógica a lo que acabábamos de vivir; sencillamente, nos acostamos a dormir con una sonrisa en los labios.

Igualmente, tomé como algo muy normal el que dos personas me llamaran por teléfono para decirme que habían visto tu figura en varias oportunidades. Me tranquilizaba escuchar esos cuentos donde tú eras el protagonista, precisamente cuando ya no estabas. Lo intuía como parte de mi camino de sanación. ¿Qué hubiera sido de mí sin esas dosis de aliento?

Ahora sé que las situaciones mágicas se presentaban para ayudarme a romper el fuerte ciclo depresivo y continuar en la búsqueda de mi paz interior. En dicha búsqueda, las enseñanzas del MSIA y mi relación con Dios fueron fundamentales. Pero también iban apareciendo rutas alternas de inspiración. Como lo fue el libro que me llamó a través de la vidriera de una pequeñísima tienda. Digo que me llamó porque yo iba caminando frente al lugar, hacia otro destino, cuando tuve un fuerte deseo de voltear hacia la vidriera y, específicamente, mirar esa carátula dorada con el título *Oráculo de los Angeles*, de Ambika Wauters. Entré, pregunté su precio, lo compré sin pensarlo dos veces, y salí del lugar deseosa de llegar a casa para hojearlo. A los pocos minutos, recibí la llamada de una amiga que tiene el don de mirar cosas que otros no podemos ver.

—Elizabeth, tuve un sueño muy claro con Demian. Él te mandó un mensaje. Dice que compres un libro que se llama *Oráculo de los Angeles*; que te va a ayudar mucho. Yo sé que lo vas a encontrar porque hace rato tuve la imagen tuya en una pequeña tienda donde lo venden— me dijo ella, con la naturalidad con que siempre hablaba de sus visiones.

—¡Ay, Floritza, acabo de comprar ese libro!— le respondí, con una felicidad interna indescriptible sabiendo que, de algún modo, tú tratabas de comunicarte conmigo. En efecto, en esas páginas hallé sabias y bellas palabras que lograron apaciguar mi pena en muchas ocasiones. Sus letras e imágenes se convirtieron en mis silenciosas compañeras durante momentos de pesadumbre; era como si tú estuvieses pasando la mano por mi cabeza para calmarme.

Yo no era asidua a leer cualquier oráculo que cayera en mis manos. Sin embargo –para mi sorpresa– no sólo recibí alivio con los mensajes de los ángeles, sino también con otro ejemplar que me regalaron durante el viaje a Bogotá, una semana después de tu despedida. Debido al rimbombante título de *Osho-Neo Tarot*, no me atraía la idea de echarle un ojo a esas cartas. Para aquel entonces, yo ni siquiera sabía que Osho era un reconocido líder espiritual de la India. No obstante, mis ansias de encontrar respuestas eran tan enormes que, afortunadamente, decidí consultarlo.

Para mí, fue realmente asombroso leer la primera recomendación que obtuve de aquel compendio de pensamientos de Osho, después de barajar las cartas y seguir las instrucciones. De entrada, me topé con el antetítulo "Muerte/Lo que Nunca Muere". Luego, apareció este texto que seguí letra a letra con extremado interés: *"Presta atención a lo que está dentro de ti, aquello que nunca muere. Ahora estas listo para dejar ir lo que ya ha muerto o ya se ha ido. Olvida tus intentos de recuperarlo, y no te tomes como algo personal el que se haya ido".*

Demian, ¿qué fue esto? ¿Cómo se había producido tal coincidencia entre lo que me estaba ocurriendo y las letras de un manual al cual yo le había hecho una pregunta? Pero, ahí no terminó esa primera y categórica experiencia de lectura. Inmediatamente después del consejo que acababa de obtener, figuraba la narración de este cuento sobre Buda: *"Una mujer fue a ver a Buda: su niño había muerto y ella lloraba y se quejaba. Era una viuda, nunca tendría otro hijo, su único hijo se había muerto; él que era todo su amor y a quien prestaba toda su atención... ¿Qué hizo Buda? Se sonrió y le dijo: "Ve a la ciudad y trae algunos granos de mostaza de alguna casa donde nunca nadie haya muerto". La mujer fue corriendo a la ciudad y recorrió casa por casa. Donde quiera que iba le decían: "Podemos darte tantos granos de mostaza como quieras, pero la condición no se cumplirá porque ha muerto tanta gente en nuestra casa". Así sucedió una y otra vez. Ella aún tenía esperanzas: "Puede ser... ¿quién sabe? Puede haber una casa en algún lugar que no haya conocido la muerte". Caminó el día entero. Al atardecer, había llegado a una gran conclusión: "La muerte es parte de la vida. Sucede. No es algo personal, no es una calamidad personal que me ha sucedido a mí". Con esta conclusión fue a ver a Buda. "¿Dónde están los granos de mostaza?", preguntó él. Ella sonrió, cayó a los pies de él y le dijo: "Iníciame. Quisiera conocer aquello que nunca muere. No pido que mi niño me sea devuelto porque, aún si me lo devuelven, volverá a morir. Enséñame, para que pueda conocer dentro de mí lo que nunca muere"*

La sincronía puesta en relieve a través de ese escrito me llegó directo al corazón. La tomé como un primer paso para concientizar que tu partida física no era una "calamidad personal", no era algo que me estaba ocurriendo exclusivamente a mí. Sin duda, tenía que seguir prestando atención a eso que nunca muere, eso que yo había aprendido a identificar como el alma; y me propuse profundizar en la lección primordial de mi maestro John-Roger: la trascendencia del alma.

Sentí, entonces, la imperiosa necesidad de volver a escuchar la grabación de un seminario que John-Roger dictó en Chile[3]. Lo había oído sólo una vez –unos meses antes de tu último adiós– y no quise hacerlo de nuevo, porque algo muy poderoso e inexplicable se movió dentro de mí en aquella oportunidad: por más que lo intenté, no pude contener el llanto ni los gemidos de desconsuelo que fluyeron sin razón aparente. La voz de J-R se mezcló con mis sollozos que continuaron aún hasta después de terminar la cinta. Y es que había recibido una explicación rotunda y clara sobre la muerte que, evidentemente, tuvo un impacto tremendo en mí. Era como si mi ser verdadero, mi alma, se estuviera anticipando a tu

---

3 "Viviendo a Través de la Muerte", de su título original en inglés "Living Through Dying".

fallecimiento; como si alguna parte de mí ya supiera lo que viviría meses después.

Volví a oír el seminario con atención – esta vez, extrañamente sin sollozar– y encontré no sólo un consuelo momentáneo al dolor sino, también, una vía para seguir profundizando en mi sanación. Las palabras del maestro dibujaron una realidad que fue clave para entender mi proceso: la muerte no es un fin; es una transición para volver a Dios, al Espíritu, a la fuente desde donde partimos hacia este mundo. Escuché sus ideas y verdades relacionadas a la pérdida física de seres queridos –especialmente la de los hijos– haciendo énfasis en la diferencia entre el cuerpo y el alma; y dejando claro que el alma es esa energía que permanece brillante y hermosa sin final alguno. Me imprimió un nuevo brío para entender que el misterio de la muerte es, simplemente, parte de la vida. Sin embargo, ¡qué difícil se me hacía no tenerte en casa, Demian! Necesitaba persistir, seguir adelante y no dudar en transitar el camino para aceptar tu ausencia física.

Durante esas primeras semanas, mi amiga Magaly –quien tiempo atrás había sufrido la muerte de su joven hijo– me invitó a participar en una reunión de madres cuyos hijos habían fallecido. Al principio, rechacé la idea. Me imaginaba conversando con varias mujeres inconsolables que lamentaban sus situaciones. Y no quería más de lo mismo; con mi dolor me bastaba. Afortunadamente, a última hora decidí asistir al encuentro. Llegué a aquel lugar con la convicción de que ninguna de esas personas sufría tanto como yo. Pero, ¡qué equivocada estaba! Después de las presentaciones, nos sentamos en una sala y, sin mayores preámbulos, comenzó a darse un espontáneo compartir en una atmosfera de armonía, quietud y autenticidad.

Agradecí a Dios por escuchar a cada una de esas madres; porque en ellas me vi reflejada y, a medida que iban narrando sus procesos y vicisitudes, yo iba sintiendo una increíble paz interior. Me identifiqué con todas y pude palpar el profundo amor hacia sus hijos, al igual que el mío por ti, Demian. Todas éramos una sola, en ese espacio de luz. Me llevé muy dentro sus historias que conservo hasta hoy. ¿Cómo olvidar las reflexiones de aquella mujer cuyos dos hijos adolescentes murieron en el mismo accidente? ¿O aquella que perdió de manera trágica a su único y joven descendiente? Las mismas incertidumbres, los mismos pesares y el mismo deseo de lograr alivio. Una realidad repetida que me llevó a recapacitar nuevamente sobre el cuento de Buda y los granos de mostaza. No; tu desaparición física no era nada personal. El mundo estaba lleno de gente llorando a sus seres queridos. Si yo quería respuestas, debía buscarlas más profundamente.

Ciertamente, siempre tuve señales que me indicaban la senda correcta a tomar. Pero la mayoría de las veces las ignoraba; yo no estaba completamente atenta a otra cosa que no fuera tu adiós. Por eso, no le di mayor importancia a la conversación que sostuve con una persona que había trabajado conmigo en varios proyectos; Beatriz Gómez, pintora y directora de arte, poseedora de una gran calidez y bonhomía. Ella no estuvo en el funeral pero, semanas después, me llamó por teléfono para saludarme y darme un particular mensaje:

—Hola, Elizabeth. Te estoy llamando sólo para decirte algo: Tu hijo está muy bien—afirmó de entrada.

—¿Y tú, cómo puedes saberlo?—le pregunté tímidamente.

—Porque yo me he muerto y he regresado, en dos oportunidades diferentes—. Me asombré al escuchar la frase, pero no la interrumpí. Ella continuó, con su voz dulce y, a la vez, alegre—Estuve clínicamente muerta, y me fui a un lugar bellísimo, de donde nunca me hubiera querido regresar. En las dos oportunidades, me regresé sólo por mis hijos, porque no quería verlos sufrir. Así que, no te preocupes; no tengas la menor duda de que tu hijo está muy bien. Yo lo sé.

Tomé sus palabras con algo de cautela. No me atreví a decirle que tú también habías tenido una vivencia parecida a la de ella, Demian; no quise compartir tu secreto de buenas a primeras. De cierta manera, todavía se me hacía difícil abordar ese tema. Aunque le agradecí sinceramente sus palabras, no indagué más allá de lo que me dijo. Pero, definitivamente, me sirvieron de consuelo y quedaron sembradas allí, en ese espacio que se iba llenando de rastros e indicios para llegar a una verdad mayor.

Mientras tanto, todo parecía volver a su ritmo habitual. Edgar retornó a sus ocupaciones en la agencia de publicidad. Tu hermano pasaba la mayor parte del tiempo entre el colegio y los juegos con sus amiguitos. El cachorro Benji respondía rápidamente a los entrenamientos. Y yo, pausadamente, fui retomando mi trabajo para alivio de Virginia

Menéndez –productora y amiga– quien asumió completamente la rutina de la oficina durante mi ausencia; sin duda, una de las tantas bendiciones que me rodearon en el proceso.

Allá afuera, la vida transcurría con las circunstancias y altibajos de cada uno de sus protagonistas, la mayoría de ellos impacientes por alcanzar metas y sortear obstáculos. En mi interior, seguía el vacío, un invisible espacio ávido por encontrar su contenido; las preguntas, las sospechas, la convicción improbable de estar ante un descubrimiento supremo y, a la vez, el desgano y la congoja. Opté por fluir con lo que iba surgiendo en la aparente realidad externa, sin abandonar la mirada a mi Espíritu siempre de la mano de John-Roger, ese ser luminoso que a los 29 años vivió una experiencia cercana a la muerte, durante la cual fue ungido con una conciencia conocida como el Viajero Místico. Gracias a dicha conciencia, él tenía la facultad de "viajar" por niveles de existencia más allá del nivel físico, adquiriendo valiosos conocimientos que plasmó en decenas de libros, disertaciones, audios y videos. En muchos de ellos me refugiaba mientras las cosas sucedían a mi alrededor.

Me movía en esa dualidad cuando tu papá me comunicó que estaban programando la filmación de un comercial en Orlando, Florida. Aparentemente, su jefe –preocupado por el desánimo de Edgar, quizás el empleado con mayor vigor y entusiasmo de la agencia– se las ingenió junto a los creativos para armar un proyecto que pusiera en movimiento a tu papá, en un espacio diferente. En fin, organizaron la producción e incluyeron a tu hermanito en el viaje. Yo celebré la noticia intuyendo que, detrás del trabajo, surgiría una diversión beneficiosa para ambos. Me quedaría en Caracas, tranquila, acompañada por tu abuelita y mis amigas, cuyo apoyo nunca me faltó. Bendiciones presentes, como siempre.

Así que, a dos meses de tu partida, los tres nos separamos durante un fin de semana largo. Y, en la mañana siguiente a ese viaje –con parada en Miami– recibí una maravillosa llamada de tu papá. Él estaba impactado con algo que había vivido la noche anterior, pero sus palabras brotaban con la alegría y la pasión propia de él. Eufórico –aunque aún atónito– me contó otro hecho sublime presenciado por él.

—Mi amor, anoche la habitación del hotel se llenó de ángeles—comenzó a decir impaciente por terminar. Yo, por supuesto, lo interrumpí.

—¿Cómo que ángeles? ¿Con alas? ¿Cómo eran? ¿Cuántos eran? ¿Edgar Daniel los vio?—disparé varias preguntas una tras otras, ávida por saber los detalles.

—Escúchame, Eli. Fue así como te lo voy a contar. Llegamos a un hotel cerca del aeropuerto y, después de la cena, subimos a la habitación. Nos dormimos casi de inmediato. En un momento dado, sentí que habían algunas presencias en el cuarto. Yo mantenía los ojos cerrados, pero me decía: "Aquí hay alguien". Fui abriendo los ojos poco a poco hasta que, junto a mí cara, vi a un angelito. Era como un querubín, gordito, chiquito, con rulos en la cabeza y tenía alas. Se reía. Yo no sentí miedo. Era todo muy normal. Volteé la cabeza para ver cómo estaba Edgar Daniel y vi que seguía dormido a mi lado. Pero, en el recorrido de mi mirada, me di cuenta que el cuarto estaba lleno de ángeles. ¡Eran muchos, Eli! Eran de distintos tamaños. Incluso, había uno enorme que iba del piso al techo del cuarto. Y eran muy luminosos, muy blancos, todos con alas.

—¿Te dijeron algo? ¿Escuchaste alguna voz?

—No. Ellos estaban ahí como acompañándonos. Sentí una calidez y una paz impresionantes. Creo que estuve como dos minutos contemplándolos. Era como si estuviera en otro mundo, a pesar de que la cama y Edgar Daniel también estaban ahí. Mi hijo, la cama y los ángeles era todo lo que había en ese lugar.

—¿Seguro que no estabas dormido?—insistí intrigada.

—No, Eli, no estaba dormido. Edgar Daniel sí lo estaba pero, de repente, sin despertarse, comenzó a decir cosas en ese idioma extraño, como a veces lo hace en casa.

Es cierto, tu hermanito de vez en cuando hablaba dormido en un idioma que nunca supimos de dónde provenía; y, jocosamente, tu papá decía que el niño hablaba "en marciano". Edgar continuó su relato:

—Comenzó a hablar en marciano y, cuando volteé a mirarlo, vi que había un ángel gigante en una esquina. Los demás ya se habían ido, sólo estaba ese ángel enorme. Luego, Edgar Daniel se sentó en la cama, todavía dormido, y siguió hablando. Yo lo veía a él y volteaba a ver al ángel. Hasta que este se fue y él se despertó. Le pregunté si se sentía bien y me dijo que sí, pero quería seguir durmiendo. Entonces, nos volvimos a acostar. Todo fue muy bello y me dio mucha paz.

Aunque tú no figuraste en ese evento, sentí que no sucedió por casualidad. Entendí que Edgar vivió una manifestación de amor divino proveniente de ti, Demian. Tu papá lo estaba necesitando aún más que yo. Porque, a pesar de mi aflicción, siempre estuve consciente de la grandiosidad de nuestro amor; en alguna parte de mí, sabía que la profunda conexión que mantuvimos en este plano físico se había extendido hacia otros niveles, y que desde ahí nos seguíamos amando. Me consolaba pensar que tú y yo mantuvimos una relación de amigos, con una amorosa comunicación. No había quedado nada incompleto entre los dos.

Por el contrario, Edgar se cuestionaba a sí mismo; se recriminaba momentos, palabras, actuaciones... Él, quien tanto te quiso, dudaba si había podido manifestarte su amor como ahora lo hubiera querido hacer. Yo trataba de calmarlo recordándole su abnegada y bella labor de padre. Pero, su temperamento lo llevaba a enumerar los *"si yo hubiera"* que se agolpaban en su mente. Quizás por eso mismo recibió aquella magnífica visita de seres alados, quienes le inyectaron una dosis de sosiego interior para permitirle seguir adelante con mayor optimismo.

Más rápido que nunca antes, llegó el mes de diciembre en ese funesto 1998. Serían nuestras primeras navidades sin ti durante los últimos 20 años. ¿Cómo evitar la tristeza, hijo amado? ¡Tanto habíamos disfrutado esas fechas, los cuatro juntos! Por mucho tiempo, la quincena final de diciembre pasó a ser nuestro período de vacaciones favorito, y cada viaje que hacíamos fortalecía más la relación y el amor entre nosotros. Esta vez, yo no tenía ningún ánimo para planificar una travesía; pero sabía que tu hermanito esperaba con ansias las fiestas navideñas. No había duda: él se merecía esa alegría.

Todo se fue enlazando para que, finalmente, viajáramos en diciembre a Orlando. Allá nos esperarían tus abuelos, tus tíos y primos que vivían en Florida y Texas. Tú sabes el gran apoyo emocional que tu abuelita Chana –la hermosa mamá de Edgar, la misma que tanto amaste– significó para mí después de tu trascendencia. Con su enorme fortaleza espiritual, Chana supo encontrar las palabras y acciones precisas para alentarnos a tu papá y a mí. Y allá estaba ella, en primera fila, al frente de un amoroso grupo familiar que trataba de elevarnos por encima del pesar, a como diera lugar. Nosotros nos dejamos llevar, mientras que Edgar Daniel se contagiaba de felicidad con sus primos en un ambiente de juego y risas propio de los parques de diversiones.

La noche de Navidad transcurrió entre regalos y buenos deseos. Edgar y yo nos despedimos temprano de la reunión familiar, y nos retirarnos a la habitación. Hasta ese instante, no habíamos dado rienda suelta a nuestros dolor. Pero, apenas nos vimos solos en el cuarto, un llanto inconsolable se apoderó de los dos; por un largo rato, nos mantuvimos abrazados tratando de calmarnos uno al otro sin lograrlo. Lloramos como el primer día de tu partida, hasta que el cansancio nos venció.

—Yo sólo pido una señal para saber que Demian está bien. Quisiera saber dónde está, cómo se encuentra. Es lo único que pido.—le dije a Edgar sollozando, antes de dormir.

A la mañana siguiente, un sobresalto de tu papá me despertó de sopetón. Asustada, vi cómo Edgar se sentaba en la cama diciéndome alborozado:

—¡Estuve con él, Eli, estuve con Demian! ¡Lo vi! ¡Hablamos! ¡Fue bello, Eli!—. Tu papá irradiaba dicha; sus palabras se atropellaban unas con otras tratando de contarme lo que acababa de vivir.

—¡Cuéntame todo, cuéntame!—le dije, contagiada de su alegría casi brincando en la cama, y segura de que él había tenido otra portentosa experiencia.

—Después que nos dormimos, recuerdo claramente que me desprendí de mi cuerpo —evocó Edgar— Me vi como elevado. Nos veía a los dos acostados en la cama durmiendo pero, a la vez, yo estaba mirando desde arriba. Y, de repente, apareció Demian vestido de blanco, con unas telas gruesas, tejidas...eran tejidos como los que uno ve en las películas de la época antigua. Tenía puesto una bata, una túnica larga y blanca. Y cuando lo tuve de frente a mí, me impactó mucho. Estaba con su pelo largo suelto, rubio, y era luminoso. Sus ojos tenían como dos rayos de oro, dorados; como si fuera una luz dorada que salía de sus ojos.

—¿Dónde estaban? ¿Qué te dijo?— impaciente, yo quería

saber todos los detalles, mientras mi corazón emocionado palpitaba rápidamente.

—Fue como un viaje. Y hablábamos, pero lo hacíamos a través de los pensamientos...como si fuera telepatía. Caminamos por un mundo de cristales. Lo recuerdo perfectamente. Era como si estuviera viendo cristales de roca, o diamantes... Era un mundo así, súper brillante. Todo era de cristal. Vi parques, árboles, gente caminando...Subimos unas escalinatas hermosas, en un edificio bien luminoso. El edificio era blanco y, además, se veía como si estuviera recibiendo un golpe de luz intensa y brillante. Entramos ahí. Era igual a los dibujos de los edificios griegos que colocan en los libros de Educación Artística: de columnas, con escalinatas, blanco. Y todo como si fuera de cristal.

—Pero, ¿de qué hablaban?

—Demian me mostraba todo, como diciendo: "Mira donde estoy; todo está bien".

—Mi amor, ¡esa es la señal que pedí! ¿Te acuerdas lo que te dije anoche antes de acostarnos? — le comenté, sintiendo una corriente de paz y quietud recorriendo mi cuerpo.

—Seguro que sí, Eli... Él me decía que estaba muy bien. Y en cierto momento me preguntó si quería tomarme algo. Salimos de ese edificio y nos sentamos en un sitio alto, desde donde se veían los parques y la gente; gente toda luminosa como él. Todo era blanco. Árboles de cristal, grama de cristal, aceras...no habían carros...Cuando fuimos a la biblioteca, me dijo que él estaba estudiando. Me acuerdo que subí como a un segundo o tercer piso y se veían seres luminosos por todos lados, en los pasillos de la biblioteca.

—¿Y qué sentías, mi amor?—. Yo quería la mayor cantidad de detalles.

—Había una gran paz, todo era apacible. Sentía que realmente estaba con mi hijo, tranquilo, sabroso... Lo último que recuerdo es que estábamos sentados como en una fuente de soda, en una mesa. Y era interesante porque yo, a la vez, podía verme a mí mismo sentado con él. Veía el entorno y veía todo; pero, a la vez, me incorporaba a la conversación. Habían como dos tiempos, dos espacios; el mío mirándome y el mío participando, acompañado. Y verlo a él tan tranquilo, tan sosegado, tan feliz... Esa es la palabra. Feliz. No recuerdo cuando me regresé. Pero, ¡qué alegría, Eli! Eso no fue un sueño. Yo realmente estuve con Demian. Y él está muy bien.

Ambos tuvimos la sensación de haber soltado un enorme peso de los hombros y, a partir de ese momento, comenzaron las Navidades para nosotros dos. ¡Qué regalo tan maravilloso nos diste, Demian! Tomaste de la mano a tu papá para mostrarle tu nuevo hogar respondiendo, así, a mis ansias de saber de ti. Sentí como si te hubieses ido a estudiar a un lejano país y, por primera vez, habíamos recibido una llamada tuya contándonos lo bien que te iba.

Comenzó, entonces, el año 1999 en una Venezuela de muchos cambios sociales. Los míos eran internos. Mi aparente fortaleza, mi capacidad para consolar a otros y mi afán por manifestar equilibrio emocional iban a la par de un proceso de renovación de mi mundo interior. Sin embargo, aún era muy pronto para hablar de ti sin sentir esa punzada en el corazón.

Ocho meses después de nuestra separación, otra excelsa señal llegó sin buscarla. Una compañera de trabajo de Edgar —viéndolo aún tan afligido— le contó lo que había vivido semanas atrás, posteriormente a la muerte de su padre. Le explicó que ella había consultado a una persona que tenía el don de escuchar mensajes de seres que han partido físicamente. Y le sugirió a tu papá que pidiéramos una cita, asegurándole que, para ella, había sido un suceso muy reconfortante.

Cuando Edgar me habló sobre la conversación con su colega, me negué a considerar tal opción. Estando yo inmersa en los estudios sobre la trascendencia del alma en el MSIA, no confiaba en ese tipo de métodos. Me imaginaba a una persona –como las había visto en muchas películas– con los ojos cerrados, tomada de mis manos, hablando con voz fingida, simulando haber contactado a alguien, e inventando encargos desde el otro mundo. Jamás iría a ese tipo de conciliábulo.

Pero, como las cosas muchas veces no son como pensamos que son, hubo un cambio de rumbo. Se dio una segunda conversación entre tu papá y su compañera de trabajo; esta vez, ella ahondó en detalles. Fue así como Edgar supo que no se trataba de alguien que hablaba sino que escribía. Sí. Esa persona, a medida que iba escuchando los mensajes que le llegaban, escribía palabra por palabra en hojas blancas. Y ella le confió que durante su sesión –realizada en un ambiente de mucha quietud– pudo comunicarse con su padre en italiano, su idioma nativo, recibiendo recados que sólo él podía haberle proporcionado.

De pronto, la cuestión dio un giro dentro de mí. Confié en la información y le solicité a Edgar que pidiera el contacto con esa enigmática persona. Yo estaba decidida a visitarla cuando me diera la cita. Así que ese mismo día, Edgar me entregó el papel donde su amiga había anotado el nombre y el teléfono. Lo tomé y, al leerlo, me impacté. El nombre que estaba escrito coincidía con el de una amiga periodista a quien yo le había perdido el rastro unos años atrás. De inmediato, le hice el comentario a Edgar:

—No puede ser que sea la misma. Ella nunca tuvo nada que ver con este tipo de cosas. Pero, también es extraño, porque su nombre no es nada común. Igualmente, voy a llamarla—le dije.

A la mañana siguiente, un sábado de abril de 1999, tomé el teléfono muy decidida y marqué el número que estaba en el papel. Escuché una voz femenina que dijo: "Aló" y, de inmediato, pregunté:

—¿Es Erika Tucker?

—Si. ¿Quién la llama?— respondió.

—No sé si tú eres la misma Erika que yo conozco, pero es

difícil que existan dos Erika Tucker en esta ciudad. Yo soy Elizabeth Baralt.

—¡Elizabeth, mi amor, supe lo que sucedió!...

Amorosa y dulcemente, Erika conversó unos minutos conmigo mientras abría espacio en su agenda de citas repleta de gente que solicitaba su asistencia. Nos veríamos esa misma tarde. Desde que colgué la llamada, sentí un regocijo interior; algo que anunciaba la proximidad de una prodigiosa experiencia.

Unas horas después, emocionada y a la vez intrigada por las coincidencias que se estaban encadenando, salí al encuentro de Erika en su casa. Yo iba confiada, porque ella era alguien a quien ya conocía; sabía tanto de sus capacidades como periodista como de su bonhomía. En el camino hacia la urbanización donde vivía, la recordé en sus inicios como reportera de espectáculos, en sus logros como conductora de un exitoso programa televisivo sobre rock alternativo, y luego en su paso por el periodismo impreso. Me vi con ella en el diario donde trabajamos juntas; y también recordé el trágico accidente que le quitó la vida a su madre y la dejó a ella convaleciente durante muchos meses. Luego pensé que sus notas en distintas publicaciones se fueron desvaneciendo hasta que, finalmente, no supe más de ella.

Mirarla y abrazarla fue más que suficiente para sentir que aquella inquieta periodista había engrandecido su ser interior. Nos tomamos un rato largo para hablar sobre el proceso que ella había vivido. Me contó sobre su tormentoso tránsito hacia la aceptación del don que le fue concedido y que ella tardó en entender. Detalló cómo, finalmente, se abrió a recibir los mensajes de seres de luz; ángeles que la encaminaron en su despertar espiritual y le pidieron que ayudara a otros a comunicarse con ellos y, también, con las almas de seres queridos que ya no están en este plano físico. Todo sucedió después de la muerte de su mamá, durante un ciclo de dolor que, posteriormente, se revirtió en su gran aprendizaje espiritual.

Ay, Demian, ¡qué bellos fueron los minutos que siguieron a esa charla! En aquel espacio sencillo, apacible –ambas sentadas en mullidos cojines, colocados en el piso frente a una pequeña mesa de madera– se dio inicio a uno de los instantes más sublimes que he vivido. Con fervorosas palabras, Erika hizo una corta invocación para pedir que todo lo que se diera a partir de ese momento estuviese guiado por la luz y el amor de Dios. Y, así, con el corazón palpitando de alegría y con lágrimas de dicha bañando mi rostro, fui leyendo lo que Erika iba escribiendo y que, en definitiva, eran tus propias palabras. No hubo duda. Aún conservo esas hojas, y la emotividad resurge cuando apenas leo: *"Soy Luz, mamá, soy Luz"*.

¡Gracias, Demian! Ese fue otro grandiosos regalo que me diste. Tus hermosas frases de amor, las referencias a distintas situaciones tuyas y nuestras y, sobre todo, la valiosa sugerencia con la que rescatamos a tu hermanito de un terrible tormento, me llegaron envueltas en un manto de amor colosal y puro. Salí de la casa de Erika como si estuviese caminando sobre nubes, con una sensación de placidez extrema que, luego, transmití a tu papá y a Edgar Daniel. Al terminar de leerles tus palabras, los tres nos abrazamos sintiéndonos cuatro otra vez.

Ese fue el primero de varios encuentros que sostuve con Erika durante cuatro años; comunicaciones impregnadas de infinito amor y luz, que incluían tus sabias recomendaciones para una completa sanación interior. La clave: transformar el dolor en amor. ¡Te lo agradezco tanto, Demian! Nunca necesité tener prueba alguna sobre la veracidad de tus mensajes; simplemente me llegaban, reconfortaban mi espíritu, y complementaban el camino que ya había iniciado para llegar a la total aceptación de tu partida física.

Confié plenamente en el carácter sagrado de nuestros acercamientos a través de Erika, porque pude sentir su sabiduría y devoción en el servicio que ofrecía. Por eso, no me sorprendió que en el 2007 –después de su recorrido por un sendero de autorrealización, en conexión con el maestro hindú Mahavatar Babaji– Erika Tucker fuera nombrada como Mahamandaleshwar, título que otorga la jerarquía espiritual de la India a los seres que alcanzan los más altos niveles de realización mística. Desde aquel instante, ella se conoce como la Madre Shaktiananda o, también, Shatki Ma[4].

Junto a su familia, se residenció en Cuenca, Ecuador donde –hasta la hora en que escribo esto– difunde sus enseñanzas en la línea del Kriya Yoga, y continúa su extraordinaria conexión con los seres de luz.

---

4 Para más información sobre Shatki Ma, consultar la página web escueladevaloresdivinos.com

¿No fue fantástico, Demian? Tus "cartas" se convirtieron en el mayor impulso para mi búsqueda sobre un tema al que tú mismo me introdujiste dos meses antes de viajar a otros planos: la vida después de la muerte. Tímidamente, comencé a leer sobre esa materia. Y, como siempre sucede cuando estamos enfocados en algo, día tras día saltaban ante mí los libros, las citas, los testimonios. Es que el universo hila finamente para que logremos aquello que estamos persiguiendo desde el corazón.

Mientras obtenía información –sostenida por la luz y las prácticas espirituales del MSIA– seguía con la sensación de estar recorriendo una montaña rusa: a veces arriba, a veces abajo, y otras en vertiginosas volteretas. Después de períodos de calma interior, súbitamente el corazón me pedía auxilio y yo apenas podía echar mano del llanto y del lamento. Sin embargo, ya empezaba a intuir que esa montaña rusa se iba a detener en algún momento.

Así me encontraba cuando se acercó el primer aniversario de tu ausencia física. Varios meses atrás, había hecho un acuerdo contigo, en otros niveles de conciencia: no haría ninguna ceremonia triste, de esas tradicionales a la que nos tienen acostumbrados las religiones. En lo posible, haría una celebración de tu vida junto a la gente que amabas y te amaba. Entonces, en agosto del 99, organicé un encuentro en el salón de recepciones del edificio donde vivíamos. La sala se vio repleta de familiares y amigos. Cada uno fue recordándote, entregándote sus palabras, manifestándote amor de distintas maneras; y tú observabas desde esa bella foto ubicada sobre una mesa.

Luego –en un momento especial preparado por mis amigas Mercedes y Magaly– salimos al patio exterior donde se repartieron globos, inflados con helio. Se les pidió a todos que los dejaran volar y que, al mismo tiempo, te enviaran palabras de amor a medida que los balones subían hacia el cielo. Tu hermano tomó el papelito donde te había escrito unas lindas frases y lo amarró a la cuerda de su globo, viéndolo elevarse al lado de los otros como si fueran mensajeros que iban a tu encuentro. Fue un episodio hermoso, de mucha luz y conexión. Todos nos abrazamos con evidente gozo interior; y pasamos a tomar jugos y comer frutas, tal como lo había acordado contigo.

Pero, yo no quería mantener un ritual año tras año para recordar esa fecha. En algún rinconcito de mi ser, estaba segura que tu verdadero ser continuaba vivo y que tu energía maravillosa seguía su recorrido en otros espacios etéreos. Por esa razón, no podía tener un recordatorio anual de tu muerte. Y, nuevamente, Dios escuchó mis peticiones. En el segundo aniversario, sucedió otro evento en perfecta sincronía con lo que estaba deseando. Aquel 23 de agosto, mientras evitaba conectarme con la tristeza, recibí la llamada de uno de tus mejores y más queridos amigos. Chris Carías se escuchaba alborozado, contrariamente a su habitual calma al hablar. Y no era para menos: se había convertido en papá.

—¡Eli, nació hoy, nació hoy! —me anunció, repitiendo la misma frase varias veces.

—Mi amor, ¡qué alegría! ¡Felicidades!

—Pero, es que nació hoy, mi hija nació hoy, Eli.

Me percaté del origen de su insistencia: su hija había nacido en la misma fecha en que tú habías partido. ¡Acababa de recibir otro fabuloso regalo! Ya tenía un motivo concreto para celebrar y recordar ese día con entusiasmo. ¿No fue fascinante ese momento, Demian?

Era como si tú te empeñabas en mostrarme distintas situaciones para ahuyentar cualquier duda sobre tu presencia. Y yo comencé a estar consciente de que, para captar esos pequeños milagros, debía mantener mi calma interior. Me sintonizaba frecuentemente con algo que había escuchado o leído: nosotros somos canales por donde fluye la energía de Dios; si estamos tristes, deprimidos o enojados, ese canal se contrae y la energía divina no puede circular a través de nuestros cuerpos.

Tú bien sabes cuánto esfuerzo hice para mantener mi paz interna durante ese turbulento período. Cada vez que retrocedía, me impulsaba con mayor vigor para llegar más lejos de donde estaba anteriormente; aunque ese "más lejos" significara sólo un paso más adelante. Porque un paso a la vez ya era suficiente.

Yo estaba decidida a enfrentar el duelo. Paulatinamente, fui entendiendo que darle rienda suelta a la alegría no se contradecía con el amor que sentía por ti. Me decía: "El amor es gozo, es alegría, es celebración; no puede estar ligado al dolor, a la pérdida". Y supe que, en primer lugar, debía enfrentar creencias arraigadas tanto en mí como en la gente que me rodeaba. Sobre todo, una de las más fuertes creencias: "Reprime cualquier manifestación de regocijo que sientas, pues no es lo apropiado para una madre que ha perdido un hijo".

A veces, silenciosamente, sentía cierta culpa por haber estado algunas horas sin mantenerte presente en mis pensamientos. En esos momentos, no veía aquello como una señal de sanación, sino como una falta cometida, como una especie de deslealtad hacia ti, mi hijo amado que ya no estaba entre nosotros. ¡Qué equivocación! Porque tú sí te encontrabas entre nosotros; siempre a mi lado, en mis sueños, en mi corazón. ¿Cómo podía borrarse un amor tan profundo de buenas a primeras? A medida que pasaban los días veía esto con más y más claridad dentro de mí.

Yo intuía que era necesario completar el duelo para poder avanzar en mi vida; volver a ver sus colores, sentirme vital, enérgica; acompañar a tu hermano en sus sueños, y seguir abriendo caminos junto a tu papá con entusiasmo. Los ejercicios espirituales, la invocación de la luz y todas las herramientas para el alma que estaba adquiriendo en mis estudios del MSIA, me imprimían fortaleza en el espíritu para seguir adelante. Y una de las verdades que aprendí se convirtió en mi principal bastión: Dios no nos da nada que no podamos manejar.

Pasando por este proceso interno, viajé a Los Angeles donde se celebraba la conferencia anual del MSIA. Como todos los años hasta hoy, centenares de personas de todas partes del mundo se reunirían para compartir, recibir y reforzar las enseñanzas sobre la transcendencia del alma. Asistí con una petición expresa de Edgar Daniel: "Tráeme una foto tuya con John-Roger". Así, durante la cena de clausura, encontré el momento preciso para cumplir con el encargo de tu hermano.

J-R se paseaba entre las mesas de los participantes saludando y conversando; y en un momento dado, se paró detrás de la que yo ocupaba. Fue en ese momento cuando mi amiga Magaly me dijo: "Ahora o nunca". Caminamos hacia él, lo saludamos y le pedí la foto.

—J-R, también quiero agradecerte el apoyo que me diste durante la muerte de mi hijo—, agregué brevemente.

El amado maestro estaba distraído mirando hacia un lado y, cuando escuchó mi última frase, se volteó hacia mí para verme fijamente a los ojos en busca de algo. Mi cuerpo se estremeció fuertemente, como si hubiese pegado un dedo a un cable con electricidad. Unos segundos después, me dijo sonriendo:

—Oh, sí. Ya recuerdo. ¡Fue fantástico!—pronunció estas palabras y acercó su cara a la mía para posar ante la cámara que ya Magaly tenía encuadrada.

Mi cuerpo aún temblaba cuando nos sentamos de nuevo a la mesa. Además, me sentía muy confundida con las palabras de J-R. Le pregunté a Magaly: "¿Tú escuchaste que él dijo *fantástico*, o son ideas mías?". En efecto, esa fue la palabra que usó y que me retumbaba en la cabeza tratando de entender el sentido que él le había dado.

Tomé la cámara para hacer otras fotos y me di cuenta que no funcionaba. Era una de esas pequeñas que usaban rollos fotográficos. No adelantaba ni disparaba, ¡no daba ninguna señal! Yo no podía creer que perdería mi foto con J-R, el regalo para tu hermano.

Así que, una de las primeras cosas que hice cuando regresé a Venezuela fue buscar un lugar donde la repararan y salvaran el rollo. En efecto, lo salvaron; pero, para ello, fue necesario romper la cámara. La última imagen que captó fue esa con John-Roger, una foto que guardo como recuerdo de otro mágico momento enlazado contigo.

CAPÍTULO IV

Más Allá de la Vida

*Renacer al ritmo
de la mariposa*

La palabra *"fantástico"*, pronunciada por el maestro John-Roger al referirse a tu partida, fue un estímulo más para seguir indagando sobre el tema que ya me obsesionaba. Yo quería saber qué había más allá de la muerte. Por primera vez, me estaba enfrentando conscientemente a ella. Al entenderla, podría aceptarla, y al aceptarla podría recordarte desde el amor y no desde el dolor.

Tú fuiste la primera persona que –sin proponértelo–comenzó a ilustrarme sobre la vida después de la muerte, con el hermoso relato de lo que viviste aquella madrugada de renacer. Quería conocer más; responderme todas las preguntas que no te hice en esa oportunidad. Y pude divisar un camino certero para convivir serenamente con una realidad que me abatía: a tus 20 años de edad, te fuiste físicamente de este planeta después de decirme "Ya vengo, mami". Pero, cada vez que leía un libro, un testimonio o un artículo inspirador sobre lo que nos espera después de morir, sentía una brisa fresca, un gozo interior; algo así como una sonrisa del alma. Eran buenos síntomas para seguir adelante.

Los materiales llegaban a mí sin tener que rastrearlos. En aquellos días, apenas empezaban a desarrollar el buscador Google y, por otra parte, no había mucha difusión de las llamadas Experiencias Cercanas a la Muerte o ECM[5]. Pese a esa realidad – tal como si yo hubiese tenido un explorador de internet en mi corazón– la información iba fluyendo delante de mí. Y siempre era la precisa, la que iba a contestar mis interrogantes, la que calmaba tu ausencia.

Así fue como llegó a mis manos un libro llamado *"Vida Después de la Vida"*[6], del norteamericano Raymond Moody. Leerlo significó un descubrimiento sumamente impactante. Psiquiatra, médico y filósofo, Moody se presentó ante mí con suficientes credenciales como para confiar en sus estudios y abrirme los ojos de par en par con los resultados de su investigación. Para realizar su obra, él conversó con decenas de personas que tuvieron una experiencia como la que tú viviste, y eso le permitió exponer las similitudes que encontró en todas las historias.

---

5 Tomado de su nombre en inglés, Near Death Experiences o NDE.

6 De su título original en inglés, "Life After Life".

Riguroso en sus conclusiones, Moody me colocó frente a una realidad esperanzadora. Desde principios de los años setenta –al menos veinte años antes de tu partida de este plano– el se dedicó a ésta materia con la curiosidad del filósofo que estudia la inmortalidad y a quien, de buenas a primeras, le llega un relato sobre ECM. Testimonios tras testimonios, fue atando cabos y logró ese impresionante compendio muy ajeno a consideraciones espirituales.

Mi amado Demian, cuán maravilloso fue para mí leer aquellas narraciones sobre "viajes" al otro lado. Eran personas como tú que perdieron sus signos vitales en distintas circunstancias, que murieron durante varios minutos y que, finalmente, revivieron. Y, al igual que tú, la mayoría no quería contar sus singulares experiencias porque temían ser considerados como "locos".

Cada página de ese libro me acercaba más al convencimiento de saberte en un magnífico lugar. ¿O acaso se trataba de una simple casualidad el que todos ellos tampoco querían regresar a sus cuerpos? ¿Y la belleza y la paz que percibieron en aquel lugar? ¿Y la revisión de sus vidas en imágenes? Palabras más, palabras menos, muchos de los relatos coincidían con situaciones que me contaste en nuestra secreta conversación.

Por supuesto que mi mente me exigía obtener más evidencias. Fue así como el libro de Moody me condujo a otro que adquirió similar importancia para mí: "Sobre la Vida Después de la Muerte"[7] , de la suiza Elisabeth Kubler-Ross. ¡Se

---

[7] De su título original en inglés, "On Life after Death".

trataba de otra científica, Demian! Respetada psiquiatra, con varios doctorados en ciencias, Kubler-Ross resultó ser una de las pioneras de los estudios de Experiencias Cercanas a la Muerte. Yo me estaba enterando de eso en aquel momento y me parecía fascinante tal descubrimiento.

Recorrí sus páginas con exaltación. Contenían conclusiones obtenidas por la doctora Kubler-Ross, después de estudiar más de 20 mil casos de personas declaradas clínicamente muertas quienes, luego, revivieron. Un trabajo arduo que le permitió hacer una rotunda afirmación: la vida después de la muerte es una realidad; y no solamente eso, sino que es una bella realidad. Sus investigaciones la condujeron a concluir que la muerte es sólo el comienzo de otra vida colmada de amor y del reencuentro con los seres queridos que se fueron antes. ¿Cómo no exaltarme con tamaña aseveración?

La doctora Kubler-Ross halló similitudes entre esos 20 mil y tantos testimonios –independientemente de las nacionalidades, edades o creencias de las personas– destacando algo que tú también sentiste: la resistencia a regresar a esta vida. Todos se oponían a volver. A medida que yo iba leyendo, extrapolaba las situaciones descritas a tu experiencia. Y, de esa manera, te percibía radiante, lleno de luz, moviéndote en espacios extraordinarios, sosegado y tranquilo.

Me entusiasmé al pensar que simplemente te había sucedido lo que la Dra. Kubler-Ross describía en sus letras: te habías mudado de una casa a otra más preciosa. Ella compara el momento de la muerte con la transformación de una mariposa emergiendo de

74

su capullo. Para Kubler-Ross, el cuerpo humano es sólo una casa –el capullo– donde vivimos por un tiempo y, cuando la casa se deteriora, el alma resurge en todo su esplendor y vuela –como lo hace la mariposa– hacia un nuevo y mejor lugar. De esta manera gráfica y hermosa, la Dra. Kubler-Ross explicaba el proceso de la muerte a centenares de niños con los que compartió durante sus enfermedades terminales.

Sí, Demian, con esas lecturas aumentaba mi gozo interior, me conectaba contigo en otros niveles, y lograba hallar la serenidad de mi Espíritu. Mis prácticas de meditación y las enseñanzas de John-Roger se compaginaban perfectamente con el proceso de informarme sobre algo novedoso para mí. Para satisfacer a mi mente, estaba acercándome a la confirmación científica de un concepto que durante años me habían transmitido en seminarios y libros del MSIA: *Lo que realmente somos, el alma, nunca muere.*

Otros escritos fueron llegando a mí por distintas vías; se me presentaban en las librerías, leía sobre ellos en alguna publicación, o surgían por sugerencia de algún amigo que conocía mi inquietud sobre la materia. Paradójicamente, la muerte y sus misterios –un tema al que nunca sospeché acercarme– comenzaban a darme claves importantes para vivir. Y, sobre todo, para vivir sin ti.

Ciertamente, la primera lección me la diste tú mismo. Tu ausencia física repentina se convirtió en una advertencia clara y contundente: nunca sabemos cuándo vamos a morir. Entendí claramente que ni siquiera quienes sufren de enfermedades terminales conocen el momento preciso en el que van a salir de sus capullos. Cualquier momento puede ser el momento para nosotros, para nuestros seres queridos y para el resto de la humanidad. Nadie escapa a ello. Pero, tal como le escuché decir a John-Roger, se nos olvida preocuparnos de morir porque este mundo es para vivir. Y hay que ocuparse de vivir.

Eso me llevó a reconciliarme con el hábito de sanar las relaciones con personas a mi alrededor con las que tuve alguna desavenencia. El perdón –a los demás y, especialmente, a mí misma– ya no era sólo una materia de seminarios del MSIA. Lo convertí en un ejercicio frecuente que practico hasta hoy en día. Afortunadamente en mi relación contigo, Demian, no quedó nada por completar lo cual me evitó un peso más. No me he reprochado ninguna palabra o actitud hacia ti, y es algo que continúa dándome paz.

Por eso, no dudo en mediar entre mis amigos y sus hijos cuando me comparten alguna crisis o discusión. Mi recomendación siempre es la misma: independientemente de lo que haya sucedido, conversa amorosamente y aclara la situación. Aún conservo un mensaje que le envié a una amiga cuyo hijo pasaba por una situación retadora: "Tu hijo está vivo; lo tienes ahí contigo; lo puedes mirar; puedes tocarlo, besarlo, hablar con él. ¿No te parece maravilloso? ¡Cuánto daría yo por eso! Busca la mejor forma de apoyarlo para salir a flote. Y ese apoyo sólo se traduce en amor. Ámalo incondicionalmente, entiende su proceso, comparte con él, guíalo e imprímele entusiasmo por vivir".

Sin duda alguna, estar consciente de lo impredecible que resulta el momento en que vamos a fallecer ha sido fundamental para mejorar mi día a día. Esa verdad me ha llevado a soltar apegos a situaciones o cosas materiales. Y, por otra parte, a estar alerta con las palabras y las emociones que pongo en movimiento. Es cierto, Demian, no ha sido fácil. Pero, mientras más lo practico, mejor me va.

Se trata de un ejercicio constante, minuto a minuto. A veces doy varios pasos hacia atrás, halada por mi ego. Pero, mi vocecita interior también está entrenada; ella no tarda en advertirme que cualquier momento es bueno para rectificar una frase expresada con rabia o resentimiento, o una acción conducida por el miedo o la separación. Y, así, sin hacerme daño –invocando la guía del amor y la luz– busco la mejor manera de enmendar y aclarar lo sucedido. La recompensa la recibo de inmediato: libertad y paz interior.

Entre los libros esenciales que leí durante mi etapa de aprendizaje –porque debía aprender a desapegarme de ti– me topé con una joya que encierra poderosas lecciones: "El Libro Tibetano de la Vida y de la Muerte", escrito por el lama tibetano Sogyal Rimpoché. En sus páginas pude reforzar, de una manera suave y hermosa, algo que ya estaba viviendo: aproximarnos a la muerte nos produce un despertar, una transformación de nuestra actitud ante la vida, y una posibilidad de curación.

Pasearme por esas líneas llenas de sabiduría, me imprimió confianza y fervor para seguir en el sendero de sanación que había emprendido. En palabras sencillas, encontré la conexión precisa entre la vida y la muerte, ratificando que esta última es sólo un nuevo capítulo de la vida ya que, en nuestro interior, hay algo que nunca se destruye; nada lo puede destruir ni alterar, por lo tanto nunca puede morir. Yo escogí llamarlo "alma", y disfrutaba pensando que tu alma acariciaba la mía. Hoy es una certeza.

Salvo en conversaciones con tu papá o tu hermano, mantuve en privado esas lecturas a sabiendas que el tema no resulta cómodo para la mayoría de las personas; y mucho menos lo era hace más de una década. Como lo plantea el lama Rimpoché, en la sociedad occidental se enseña a negar la muerte o a asociarla con aniquilación y pérdida. Quienes no la niegan se aterrorizan ante ella; y, generalmente, es considerado como "morboso" hablar sobre esa materia.

Contrariando tales creencias, a medida que investigaba y me familiarizaba con el tema, mi dolor y desconsuelo iban disminuyendo y, por añadidura, yo iba adquiriendo nuevas herramientas que, también, me permitían contagiar de alivio a Edgar y a Edgar Daniel. Se abrió un nuevo y maravilloso panorama ante mí que, hoy en día, se ha convertido en una realidad casi tangible. Tú sabes que es así, mi amado Demian.

Gradualmente, entendí que tu alma aprendió lo que se propuso durante su permanencia en esta tierra y que, tan pronto como lo logró, regresó a su verdadero hogar. Ese axioma, que se aplica a todos los seres del planeta, lo había escuchado de John-Roger en repetidas oportunidades; pero, finalmente, cobró sentido para mí. La promesa de encontrarme de nuevo contigo me imprimió vigor para continuar adelante.

En aquella etapa de desapego, repasé muchos otros textos; algunos muy complejos y otros más elementales. También leí largos testimonios de experiencias cercanas a la muerte que –a pesar de las diferentes modalidades en el paso al más allá dado por sus protagonistas– asombrosamente coincidían con las conclusiones de los doctores Moody y Kubler-Ross: la sensación de paz, el encuentro con una luz blanca, la rápida revisión de sus vidas en imágenes, el rechazo a regresar a sus cuerpos, la pérdida del miedo a la muerte, y la placidez con que afrontaron sus existencias una vez que se reintegraron al día a día. ¿Coincidencias? Tú sabes, Demian, que se trata de algo más.

Y entre tantos autores, llegó a mis manos la autobiografía de Rosemary Altea, una madre soltera inglesa, quien desde niña convivió con el miedo producido por las voces y los rostros que percibía constantemente, llegando a ser considerada como una enferma mental. En "El Águila y la Rosa"[8] , Altea cuenta cómo –después de mucho tiempo de agobio– se abrió a desarrollar sus extraordinarias habilidades psíquicas que la conectan con el mundo del Espíritu, y también cómo comenzó un camino dedicado a consolar a miles de personas que han perdido seres muy queridos. Asegura que ellos la tocan en el hombro o le susurran al oído, y le piden comunicar sus mensajes a las personas que se encuentran cerca de ella. Y, por supuesto, narra impresionantes sesiones donde los familiares lograron sanar heridas emocionales muy profundas, gracias a la información recibida de sus amados difuntos.

---

[8] De su título original en inglés, "The Eagle and the Rose".

Sí, Demian. Esta inglesa se declaraba testigo de una dimensión invisible; decía ser la voz de aquellos que han llegado al misterioso y desconocido espacio situado al otro lado de la vida. La lectura de su historia y sus aseveraciones sobre la existencia después de la muerte me animaron aún más. ¿O sólo era mi empeño en buscarte en ese misterioso y desconocido espacio? No me importaba responderle a mi mente esa pregunta. Lo que sí sucedió es que, en "El Águila y la Rosa", capté otra fascinante forma de saberte presente.

Y, progresivamente, a un ritmo calmado, los días comenzaron a mostrarme sus resplandecientes colores. Mientras más crecía mi convicción interior sobre la perpetuidad de tu ser, más aumentaba mi entusiasmo por seguir adelante. Era como si mi vida iba adquiriendo un profundo sentido que nunca sospeché, ni siquiera antes de tu partida. Hallé, así, un punto de referencia para guiar diariamente mis acciones y palabras. ¡Qué dicha, Demian! Finalmente, estaba dando pasos firmes para liberar a mi corazón de la pena, y permitir que mi Espíritu me encaminara hacia donde vislumbraba la felicidad. Comprendí, entonces, que esa era una elección absolutamente mía, y que podía tomarla minuto a minuto.

Así estuve hasta que entendí, plenamente, que el cuerpo sólo es el templo de nuestra verdadera esencia, de nuestra energía suprema, esa que es indestructible y eterna. Y el dolor fue desapareciendo. Ya no había motivos para llorar. Porque supe, muy conscientemente, que tu esencia continuaba ahí conmigo; que sólo tu cuerpo había muerto y que tu verdadero ser, tu alma pura y bella, se encontraba recorriendo un nuevo camino. Fue así como comencé a renacer.

CAPÍTULO V

Despedidas en la Lejanía

La inmortalidad del amor

Observar cada una de mis actitudes y reacciones me permitió llegar a una conclusión maravillosa: cuando yo no dudaba de tu presencia junto a mí, te amaba como a ese ser de luz que percibía a mi lado; sentía que mi corazón estallaba de emoción, al imaginar que te encontrabas en una gloriosa dicha espiritual. Y esa fue una clave muy importante para mi completa sanación: amarte como lo que eres después de tu partida física; amarte como energía radiante, alma pura, hermosa luz.

Ya no eras el muchacho estudiante de 20 años, rodeado de amigos y con un futuro por delante en esta tierra. Mientras continuara pensándote así, la tristeza seguiría manifestándose. No existía ninguna posibilidad de cambiar lo que te sucedió, pero yo sí tenía la capacidad de modificar mis pensamientos y mi actitud. Quería recordarte con amor y no con dolor. Y comprendí que podía amarte por siempre como lo que ahora eres. ¿Cómo sentir congoja sabiendo que estás viviendo en aquel hermoso lugar de donde no querías regresar?

En ese momento de mi proceso de aprendizaje, ya había concluido los dos años de la *Maestría de Ciencia Espiritual* que tomé en Colombia, continuaba con las enseñanzas de John-Roger en el MSIA y, anualmente, asistía a la conferencia del MSIA en Los Angeles donde el amor y la luz se magnifican de una manera palpable. También seguía repasando otros libros y materiales que me inspiraban.

Cada vez más, se espaciaban las situaciones en las que me conectaba con el pesar. Y cuando sucedían, me cuidaba a mí misma; no me recriminaba ni me enjuiciaba, y me permitía ser débil hasta salir a flote de nuevo. Eran como vestigios del duelo que surgían de la profundidad de mi ser, y que necesitaban aflorar para poder liberarme de ellos.

Con tal fortaleza interior, pude afrontar un cambio drástico, una decisión que tomamos tu papá y yo: emigrar a Estados Unidos. Habían pasado cinco años desde tu fallecimiento, y Edgar Daniel ya era un adolescente de 15 años. Personalmente, lo asumí como una forma de renovar nuestras vidas, sabiendo que tú seguirías estando a nuestro lado en cualquier lugar donde estuviésemos viviendo.

Enfrenté, entonces, un segundo evento de desapego profundo en mi existencia. Aquel apartamento donde vivimos durante 14 años, donde te vi a ti y a tu hermano crecer, el mismo espacio donde tú y yo nos despedimos físicamente por última vez, fue vaciándose poco a poco de las cosas materiales que poseíamos. Todo se redujo a tres maletas. Con nuestra ropa, algunos libros y fotos, emprendimos el nuevo rumbo. Desde la ventanilla del avión, vi cómo se alejaba la tierra que me vio nacer 50 años atrás, intuyendo que la vida nos estaba regalando una oportunidad para renacer.

Durante los años de acoplamiento a una nueva sociedad, las lecciones se presentaban a cada instante. Tuve que aprender a acatar nuevas leyes de tránsito; a echarle gasolina al carro por mí misma; a pensar en libras y no en kilos, y en millas y no en kilómetros; a hablar y escribir en otro idioma; a entender las diversidades culturales; a conocer un nuevo sistema educativo, laboral y bancario; a establecer una aproximación diferente con las personas; a reconocerme como inmigrante y también, en un momento dado, como eso que llaman "ilegal".

No sin malestar, mi ego entendió que debía achicarse para poder comenzar un camino profesional desde cero. Asumí que nadie sabía sobre la existencia de aquella periodista y productora con tanta trayectoria en su país; que ya no contaba con los contactos ni las comodidades de antes; que también debía hacer el trabajo del hogar, anteriormente resuelto por una tercera persona; que debía tocar todas las puertas, confiar y, sobre todo, tener paciencia... ¡Estupendo entrenamiento, Demian! Porque, cuando sobrepasé cada uno de los obstáculos, me encontré con una nueva Elizabeth; más vital, con mayor entusiasmo, y con una conciencia muy sólida de lo que realmente somos todos: almas viviendo en nuestros cuerpos para asimilar lo que vinimos a aprender en esta tierra.

Tú estuviste marcándome esa verdad, cuando me alejaba de ella. Me compenetré más con tu esencia al tomar nuevamente la *Maestría de Ciencia Espiritual* del MSIA. Desde que llegué a mi nuevo destino en Florida, me incorporé a la comunidad del MSIA asistiendo regularmente a los seminarios y reuniones. Mi maestro John-Roger y el director espiritual del movimiento, John Morton, se hicieron aún más presentes en mi vida con sus enseñanzas, contribuyendo enormemente a mi crecimiento interior.

Por supuesto, lo importante para mi avance –más que cualquier curso o lectura– era el compromiso conmigo misma de experimentar en mi vida cotidiana aquello que escuchaba en los seminarios, o leía en los libros. ¡Y vaya que lo experimenté! Cumplía cabalmente con una rutina para contactar a mi ser verdadero, a través de la meditación o, como lo llama J-R, "ejercicios espirituales". Siempre tuve presente el poder de invocar la luz –"Pido la Luz para el bien mayor"– para mí, para otros y para las situaciones retadoras que afrontaba. Y estuve alerta de no conectarme con el miedo sino, por el contrario, utilizar la fuerza del amor para sobrepasar circunstancias desafiantes. Prácticas todas que aún permanecen en mi jornada diaria.

Mientras nos adaptábamos a esa otra realidad que nos mantenía en constantes cambios, fue aumentando la calidad de la comunicación entre nosotros tres; tu hermano, tu papá y yo pasamos a ser un solo bloque de apoyo, en comunión con nuestro objetivo final: crear la mayor cantidad de momentos felices. Y tú eras mi principal motor, amado Demian. Porque los desafíos a los que nos enfrentábamos se empequeñecían de inmediato, al compararlos con lo que vivimos después de tu partida física. Esa referencia me daba un empujón enorme para sobrepasar lo que fuera que estuviese sucediendo. ¿Cómo amilanarme ante situaciones adversas si ya había pasado por la mayor de las pruebas?

Vivir a plenitud se convirtió en un mandato para mí. Dios me había colocado en nuevos espacios, imprimiéndome mayores bríos y posibilidades. Me propuse brindarle a Edgar Daniel mi quietud interior y lucidez, durante sus momentos de ajuste emocional; mientras que decidí seguir nutriendo mi relación de pareja con vitalidad y alegría. Y, así, de esa manera –con el amor y la luz como bandera– un buen día me di cuenta que definitivamente había traspasado la barrera del dolor. Podía hablar sobre ti serenamente, sin contener las lágrimas. Los recuerdos asociados contigo sólo provocaban sonrisas en mi rostro. Era capaz de compartir plácidamente tu historia, cuando me preguntaban por mis hijos. Y hasta me atreví a consolar a otros que aún se conmovían con tu ausencia.

Ahora sí había aprendido la lección; finalmente concienticé lo que John-Roger y otros maestros afirman: Sólo el cuerpo muere, mientras el Espíritu se eleva hacia una nueva vida. Entendí, de una vez por todas, que la muerte es una extensión de la vida y que, mientras estemos en este plano terrenal, es imprescindible cultivar el amor –el amor ligado a la acción, el amor viviente– en cada una de nuestras acciones, palabras y elecciones. Porque elegir desde la perspectiva del amor nos libera y nos da sentido de unicidad. Así comencé a sentirme desde aquel período de inspiración consciente: libre y más cerca de ti que nunca antes.

Con ese estado de fortaleza interior, afronté varias despedidas de otros seres amados. Despedidas en la distancia que tomé como nuevos escalones para seguir ascendiendo. La primera de ellas me careó de nuevo con tu partida y, a la vez, me hizo mirar una radiante sinergia. Sucedió que una tarde recibí la llamada telefónica de tu abuelita –mi querida madre– desde Venezuela. Me sobresalté, porque era yo quien siempre la llamaba a ella. Y, al escuchar sus primeras palabras, pude sentir con exactitud lo que estaba padeciendo:

—Efraín murió igual que Demian; le pasó igual que a Demian— murmulló con un quejido de dolor que fue directo a mi alma.

Mi viejita estaba transitando por la misma experiencia que yo había tenido ocho años atrás. Tu tío Efraín, uno de mis amados hermanos menores, un ser noble y bondadoso, había trascendido al Espíritu mientras sus hijos –tus tres primos– lo trasladaban en carro hacia la emergencia de un hospital. El asma tampoco le dio tregua a él.

Y ahí estaba yo, rememorando la vivencia de tu partida, manejando mis emociones para asimilar la muerte de mi hermano y, a la misma vez, imprimiéndole consuelo a tu abuelita. Ella, a los 83 años, estaba sufriendo la mayor aflicción que puede sentir una madre.

Compartí con ella inevitables momentos de llanto y silencio. Pero, pude alzarme sobre mi fortaleza interior y, poco a poco, contagiar a mi mamá de esa verdad que yo ya conocía. La invité a pasar una temporada con nosotros en Florida y aproveché de cubrirla con mimos, mientras le mostraba el camino que yo había recorrido. Suavemente y entendiendo su proceso, la apoyé a iniciar su propio sendero de aceptación.

Nuestra comunicación se hizo cada vez más profunda y entrañable. El contacto telefónico con ella era parte de mi ritual diario. Y un año después, la volvimos a invitar a casa. ¡Qué alegría me dio constatar que había avanzado un trecho bastante largo en su sanación interior! Durante semanas, nos hicimos cómplices de risas, de cuentos familiares y de nosotras mismas. Nuestros paseos diarios a la playa, se completaban con tertulias de corazón; y las festividades navideñas nos dieron motivos para aumentar la algarabía. El amor estuvo presente en cada instante y los ojos de mi viejita volvieron a brillar. Ambas asumimos que nuestros hijos –Efraín y tú– estaban ahí, acompañándonos en cada una de nuestras charlas y salidas.

Sin embargo, pocos días antes de su regreso a Caracas, un hecho inesperado volvió a poner el acento en el dolor. De nuevo, una llamada desde Venezuela nos anunciaba otra triste situación: el hermano mayor de Edgar, tu tío Saki, había fallecido repentinamente. Nos tocaba darle la noticia a tu otra abuelita, Chana, la mamá de Edgar, quien vivía muy cerca de nosotros.

Lo tomé como una sublime señal. La vida me estaba colocando frente a dos amadas ancianas, abrazadas en un llanto común por los hijos que perdieron. Fue una gran prueba para mi aprendizaje, porque yo tampoco era una espectadora ajena a lo que ellas sentían. Mi mamá acababa de retroceder en su recuperación interior, conectándose de nuevo con el desconsuelo; y mi suegra apenas comenzaba a iniciar su proceso de duelo, ella quien hasta el día anterior estuvo animando a mi madre.

Seguramente fuiste tú, Demian, quien me susurró cada palabra y cada acción que salían de mí para consolar a tus abuelas. Yo sólo sé que sentí una gran energía de amor que me permitió serenarlas y apoyarlas sosegadamente; mientras hacía lo mismo con Edgar quien lloraba a su querido hermano. Tiempo atrás, me hubiese sido imposible tanta entereza; pero ahora podía sentir esa quietud proveniente de una certeza interior: nuestros tres hijos nos observaban desde otras dimensiones.

Sin embargo, cuando despedí a mi mamá en el aeropuerto, una profunda tristeza se apoderó de mí. Realmente, no temía por ella. Su salud era de hierro. Pero, no así la de tu abuelito –mi amado padre– a quien el Parkinson lo sometió sin piedad y lo mantenía en cama con poca movilidad. La última vez que estuve con él fue durante mi rápido viaje a Caracas para darle el último adiós a tu tío Efraín. Mi papá sufrió infinitamente, tanto como tu abuelita, la partida de su hijo. Aunque, ahora cuando lo escribo, asumo que el tormento de él era mucho mayor que el de ella, ya que tu abuelo nunca tuvo asideros espirituales donde encontrar respuestas. Él no era un hombre de fe, mientras que mi mamá siempre vivió un catolicismo a su manera, con sus idas dominicales a misa, sus rezos nocturnos, sus santos y sus velitas encendidas en ofrenda a las ánimas.

Comenzó, así, un vertiginoso 2008, año que nos condujo al final de un largo recorrido para obtener nuestra residencia oficial en Estados Unidos. Sólo esperábamos la llegada por correo de la célebre *Green Card*, una tarjeta que nos permitiría a los tres continuar la vida sin ansiedades de inmigración. Pero –como requisito– no debíamos salir fuera del país antes de recibirla, bajo pena de no poder entrar al regresar.

Sin embargo, nada me impedía viajar a Los Angeles en el mes de julio, para asistir a la Conferencia Anual del MSIA. Allá me encontraba, en el último día de talleres y encuentros, disponiéndome a asistir a la cena de celebración, cuando de nuevo escuché una triste noticia a través del teléfono. Esta vez era mi hermana Emperatriz: mi papá acababa de fallecer. Sí, era un golpe duro y una nueva prueba. Sabía que no podía viajar a darle mi despedida junto a la familia; no estaría en Caracas para consolar a mi viejita, ni abrazar a mis hermanos. Evidentemente, necesitaba procesar todo lo que estaba sucediendo.

Le pedí a mis compañeras de cuarto, amigas del alma, que me dejaran sola en la habitación. Me recosté en la cama, cerré los ojos y me conecté con mi papá desde mi corazón. Las lágrimas surgieron mientras pronunciaba palabras que fluían cargadas de amor. Sabía que mi viejo podía sentir mi energía. Y le di las gracias por su vida de sacrificios y bondad, le repetí cuánto lo amé desde niña, le pedí perdón si alguna vez herí sus sentimientos, e invoqué la luz para que lo guiara en su nuevo camino para el bien mayor. No se cuánto tiempo estuve así, pero llegó el momento en que me sentí absolutamente en paz.

A partir de ahí, la lejanía pareció achicarse entre mi madre y yo; quizás porque decidí aumentar el tiempo y el número de llamadas telefónicas a tu abuelita. Acababa de partir el hombre que estuvo a su lado durante casi 60 años, y yo quería acompañarla en su duelo lo más que pudiera. Mi mamá –después de un doloroso episodio que ambos vivieron– lo había perdonado tres meses atrás. Con toda seguridad, los sentimientos de mi viejita se encontraban muy revueltos.

Ciertamente, yo hablaba con mi madre hasta tres veces al día. Su voz era lo más próximo a mí; yo la tenía calibrada al cien por ciento. Apenas me contestaba la llamada, podía adivinar cómo se sentía en ese instante; al escuchar el ritmo de sus palabras y el de su respiración, detectaba su tranquilidad, ansiedad o enojo. No había manera de engañarme y ella lo sabía. La distancia entre las dos se acortaba cada vez más porque, simplemente, había aumentado la comunicación desde nuestras almas.

La misma noche del funeral de tu abuelito, mi mamá se sintió resfriada. Una gripe que fue aumentando al pasar los días. Pero, algo más estaba sucediendo. Y eso lo supe varias semanas después, cuando su voz me activó un alerta: la sentí profundamente cansada. Le insistí en que algo le sucedía y, finalmente, me confesó que se mareaba y se tambaleaba al caminar. De inmediato, llamé a Omar, mi hermano mayor, y le pedí que fuera a verla. Algo grave le estaba sucediendo; ella, quien tenía la fortaleza y salud para caminar hasta el mercado o montarse en el bus, ahora no daba pasos firmes.

Lo que siguió fue un sin fin de exámenes y tratamientos producto de diagnósticos nada alentadores. Su voz iba marcándome la gravedad; su timbre fue decreciendo en intensidad a medida que pasaban los días. De pronto, no podíamos conversar durante horas, como antes. Después, el tiempo se redujo a pocos minutos. Y, luego, apenas un saludo y nada más. Mi adorada madre se despidió de este plano físico en una tarde de octubre, tres meses después de haberle dado el último adiós a mi papá. Esa misma mañana yo había escuchado su voz un poquito más fuerte que el día anterior. Como siempre, le dije que la amaba y que pronto la iría a ver, porque la *Green Card* no podía demorar más tiempo en llegar. Horas después, volví a llorar con un teléfono de por medio. Mi madre querida había trascendido al Espíritu.

Sí, Demian, fueron muy tristes esos primeros momentos. Centenares de escenas con el rostro de tu abuelita recorrían mi mente, y podía escuchar su voz en todas sus entonaciones. La lloré profundamente; como la niña, como la hija huérfana que se siente perdida y necesita refugio. Y, cuando las lágrimas se agotaron, saqué el desconsuelo de mi corazón para comenzar a buscarla en otros niveles de conciencia. Yo había aprendido la lección y conocía cuál era el camino. Sabía que ella estaba paseándose junto a mí para darme alguna señal, para tomarme de la mano y rescatarme. Mamá, mi mamá grande, mi mamá amada, viejita querida del alma... la llamé y pronto se conectó conmigo.

La misma semana de su partida, tuve uno de los sueños más nítidos y hermosos que recuerdo hasta ahora. Mientras lo escribo, puedo ver las imágenes y tener la misma sensación como si hubiese despertado hace unos segundos. Ella, con una de las batas que siempre usaba y sus cómodos zapatitos de tela, caminaba muy risueña junto a mí y una vecina. Íbamos por la acera frente a su casa donde vivió más de cuarenta años. Las tres subíamos despacio la pequeña cuesta que conducía a la avenida principal. En un momento dado, mi viejita caminó unos pasos más adelante y la vecina aprovechó para decirme:

—Elizabeth, ¡qué bien se ve tu mamá!

—¿Y es que acaso usted no sabe que ella murió?— le pregunté, mientras miraba a mi mamá que se alejaba aún más de nosotras dos.

—¡No puede ser! La estoy viendo y está muy bien— la vecina me respondió incrédula.

En ese momento, tu abuelita se volteó, me miró y me sonrió con una expresión en su rostro inolvidable por su belleza. El corazón se me inundó de amor y caminé hacia ella. La abracé y la besé. Pegué mi cara a la suya; sentí su piel y escuché su voz. Luego, ella se separó y siguió su camino. Yo no hice ningún intento de seguirla. La observé alejándose hacia un lugar etéreo que comenzó a dibujarse al final de la calle. Decidí devolverme hacia su casa, pero no logré encontrar la ubicación de ese sitio donde había ido durante muchos años de mi vida. Entonces, recorriendo distintas calles, fui a dar a una pequeña taberna. Desde afuera observé que un grupo de personas estaba reunido para hablar sobre cine. Me dije: "Esto está interesante". Entré, me quedé ahí y, luego, desperté.

Cuando abrí los ojos, una sensación de absoluta paz recorría mi cuerpo. Sentí un gozo interior enorme y mis labios no dejaban de sonreír. ¡Mi viejita se había despedido de mí! Todavía podía reproducir nítidamente su rostro, enmarcado en ese abundante cabello blanco, cuando giró su cabeza para mirarme. A partir de ese día, la dejé ir –como en el sueño– pero, al mismo tiempo, supe que nunca habíamos estado separadas.

El *Green Card* llegó una semana después de su última respiración. Claramente, volví a comprobar la perfección que hay en el ritmo de la vida. Porque, mientras lamentaba no acompañar a mi familia durante las exequias, una voz poderosa me gritaba desde muy dentro de mí: allá no encontrarás a tu mamá, sólo verás su cuerpo. Realmente, fue magnífico vivir mi duelo desde un terreno apacible y desde una altitud tal que me permitió acercarme más a la verdad aprendida: "Lo que somos nunca muere, y eso es el alma"[9] .

El estar distantes físicamente no es impedimento para sentir una profunda unión con seres queridos. Lo acababa de constatar. Y, cuatro años después –por si acaso me quedaba alguna duda– otra imprevista situación lo verificó. Esta vez le sucedió a tu tío Carlos Jesús, mi adorado hermano, con quien yo había retomado una comunicación estrecha a través de emails y llamadas telefónicas. Repentinamente, después de algunos meses de dolencias, Carlos Jesús colapsó y entró en coma.

Durante los días que estuvo en terapia intensiva, le envié a tu tío varios mensajes de voz por teléfono. En algún seminario de John-Roger, había escuchado que el sentido del audio es el último que el ser humano pierde cuando fallece. Por eso, pensé que mi hermano –quien todavía estaba con signos vitales– podría oírme. Mariel, su única hija, mi sobrina amada, se encargaba de colocarle el teléfono al oído. De esta manera, tu tío Carlos Jesús percibió mis palabras; eran frases cargadas de amor y de luz que salían de mí con espontaneidad. Sé que las oyó y se las llevó consigo cuando trascendió al Espíritu. Fue otra circunstancia rodeada de tristeza que sirvió para reafirmarme las enseñanzas sobre la trascendencia del alma.

En aquel momento, recordé un sueño que Carlos Jesús tuvo cuando murió tu abuelita y que compartió conmigo por

---

9 Del libro "Fulfilling your Spiritual Promise" de John-Roger, D.S.S.

escrito. Justamente, yo acababa de relatar el sueño de despedida de mi mamá, el mismo que narré aquí anteriormente. Y, entonces, con la singular prosa que lo caracterizaba, tu tío me escribió textualmente:

"¿Sabes? Yo que tengo tan mala memoria para recordar mis sueños, tanto que llegué a pensar que no soñaba, tengo claro en mi mente que anoche mientras dormía encontré a la vieja y a papá compartiendo conmigo un viajecito en un autobús que iba no sé exactamente adónde pero que parecía ser un buen destino, pues estábamos así como que muy contentos. No recuerdo qué edad yo tenía en ese sueño, ni si estaba más gordo o más flaco, o más pelúo o un tanto menos; ellos tampoco estaban particularmente de una determinada edad, solo estaban. Allí estaban acompañándome (donos) sin importarles a dónde fuese el bus... sin importarles a qué hora llegásemos, sin importarles cuándo. Allí estaban plácidos y a mi (nuestro) lado, en un viaje que no tendrá final, pues durará hasta que nuestro amor esté inscrito en la historia de nuestras vidas, lo cual es como decir SIEMPRE!"

¿No te parece hermoso, Demian? La visión onírica de tu tío describió bellamente lo que podría interpretarse como el encuentro de su alma con las almas de sus padres para emprender un viaje que, como él dijo, *"no tendrá final, pues durará hasta que nuestro amor esté inscrito en la historia de nuestras vidas, lo cual es como decir SIEMPRE!"*. La última palabra la colocó en mayúsculas y yo lo tomé como una manera de reflejar la magnitud de lo eterno. Todos muy contentos en un viaje hacia un destino desconocido, confiados en que el amor estará presente eternamente. Así, suavemente, con placidez, sentí que mi hermano Carlos Jesús se unió con ellos, y mi corazón no pudo menos que estar dichoso.

Mi experiencia con la pérdida física de tantos seres amados, en corto tiempo y en la lejanía –sin olvidar a mi queridísimo tío Efraín, hermano menor de mi papá–, también me confirmó la importancia de completar asuntos pendientes con las personas a nuestro alrededor, cuando todavía están en esta vida. Y, si esas personas son de nuestro mayor afecto, la tarea se convierte en una cuestión aún más vital. Quizás por eso, no quedó en mí ningún sentimiento incómodo o turbio con relación a mis padres, mis hermanos o mi tío. De una u otra manera, les manifesté mi amor y gratitud. Y, sobre todo con tu abuelita, llegué a un nivel de comunicación profundo que aún se mantiene en nuestras conversaciones imaginarias. Con todos ellos, sentí que no había nada incompleto; un sentimiento que conozco perfectamente, porque se manifestó por primera vez con tu partida física.

Definitivamente, la práctica del perdón me ayudó a estar en paz conmigo misma durante esos penosos episodios. Soltar cualquier carga unida a sucesos ocurridos con seres que han fallecido no tiene precio; y lo he logrado perdonándome a mí misma y a quien quiera que esté involucrado en lo sucedido. Y, como nunca sabemos con exactitud cuándo sucederá la muerte de nadie, lo he convertido en un ejercicio constante. Apenas me siento herida por alguna situación, perdono a quien protagonizó ese hecho y, también, a mí misma por juzgarlo. Y si yo lastimé a alguien, de inmediato me perdono a mí misma.

Para mí, es tan sencillo como cerrar los ojos, colocar ambas manos sobre el corazón, conectarme con ese centro de quietud que todos tenemos dentro, y dejar que las palabras surjan. Algo así como: "Me perdono a mí misma por...". Así lo aprendí y así me ha dado resultado. Eso sí, se trata de hacerlo con honestidad, con verdadero desprendimiento. Perdonar implica olvidar; no hemos perdonado si seguimos sufriendo por la misma razón, o recordando esas situaciones dolorosas que sólo pertenecen al pasado.

Mi querido Demian, ¿no te parece absurdo que alguien se atormente por tener asuntos pendientes con otro ser que ya murió? Una conversación de corazón –aunque esa persona ya no se encuentre en esta vida– ayudaría a resolver tanto pesar. Cualquier momento es oportuno, mientras se haga de una manera sincera y amorosa. Confesar lo que quedó atascado, y perdonar o perdonarnos, tiene un efecto realmente liberador. Nada impide confrontarnos con dolencias emocionales del pasado y soltar cargas, para seguir ligeros en el camino que estamos recorriendo aquí y ahora.

Después de tu ausencia física, me convertí en una practicante de la vida "aquí y ahora". Eso que tanto escuché y que se ha convertido en un eslogan muy popular en estos años de nueva era –vivir aquí y ahora–, comenzó a tener un mayor sentido para mí. Pareciera algo sencillo, pero generalmente resulta desafiante. Estar presente solamente en la situación que tengo frente a mí; obligar a mi mente a enfocarse sólo en lo que está sucediendo en este segundo; dejar a un lado las expectativas de lo que puede pasar en un futuro; apartar a un lado lo que ya pasó porque no aporta nada a lo que está presente... Aplicar todas estas actitudes a cada uno de los hechos que enfrento a diario me ha significado un gran bienestar emocional y físico. Cuando no sigo este patrón –porque me distraigo o me dejo llevar por las circunstancias– el resultado siempre se traduce en estrés, preocupación, ansiedad o depresión.

En gran parte, ese "estar presente" lo he logrado gracias a la conciencia que adquirí sobre el carácter fugaz de la vida en este plano físico. El lama Sogyal Rinpoche, en *"El Libro Tibetano de la Vida y de la Muerte"*, encara el sentido pasajero de la existencia humana de una manera contundente: *"Hemos de darnos una sacudida de vez en cuando y preguntarnos seriamente: ¿Y si muriera esta noche? Entonces, ¿qué? No sabemos si mañana despertaremos, ni dónde"*.

Igualmente, sería interesante darnos esa "sacudida" con relación a otras personas. Porque, en definitiva, cada uno de nosotros moriremos en cualquier momento. ¿Y si tu pareja muriera esta noche? ¿O alguno de tus padres, o un hijo, o el amigo más querido? ¿Qué te falta completar, perdonar o decir? ¿Le has manifestado suficiente amor? Ahora, exactamente ahora, es el momento para hacerlo. Aquí y ahora. Bien lo dice el proverbio tibetano: *"Mañana o la próxima vida; nunca se sabe qué llegará primero"*. Lo único que sabemos que sí llegó es lo que estamos viviendo en este mismo segundo, mientras estamos tomando esta respiración. Pero, también este segundo se convertirá en pasado; apenas sucedió, ya es parte del pasado...Ay, hijo querido, ¡cuánto he aprendido de la vida después de tu partida!

Y hoy, cuando han pasado 18 años de nuestra despedida en aquel ventanal de Caracas, sólo miro hacia atrás para medir el salto que he dado en mi sanación. Alrededor de siete años me llevó percibir y entender los fantasmas creados por mi mente para, así, neutralizarlos definitivamente. Hasta que comprendí con precisión la frase que le oí decir a John-Roger en uno de sus seminarios: *"La muerte no es un enemigo; el enemigo es la mente"*. Con todas estas reflexiones, continúo junto a ti, en un constante fluir con lo que Dios me presenta; guiada por el amor y la luz, y abierta a recapacitar cuando me salgo de la ruta de este mágico sendero sin final.

CAPÍTULO VI

Mensajes Provenientes del Cielo

Conociendo ese lugar
desde donde nadie quiere regresar

Mi amado Demian, hace 18 años –cuando se produjo tu paso hacia otros planos imperceptibles a la vista– apenas comenzaban a darse algunos signos del acelerado cambio a nivel de comunicación y de conciencia universal que ha tomado por asalto a nuestro planeta. En aquel período posterior al 23 de agosto de 1998, me las ingenié para encontrar respuestas a lo que tomé como una catástrofe en mi vida. Aferrada a las enseñanzas de John-Roger, hurgué en librerías, pregunté aquí y allá, seguí pistas, y afilé mi intuición, para poder armar el rompecabezas y, finalmente, sentir la paz interior de saberte en un nuevo y hermoso hogar donde nos encontraremos nuevamente.

¡Cuán vertiginoso ha sido la transformación del mundo durante este ciclo sin tu presencia física! Hoy existen nuevos países mientras que otros se han desintegrado y, al mismo tiempo, se han descubierto planetas y universos paralelos; también es posible manejar gran parte de la actividad diaria con solo tocar la pantalla de un teléfono celular; millones de seres se comunican con otros, sin importar el continente donde se encuentren, gracias a las redes sociales y aplicaciones con llamadas telefónicas sin costo alguno; y, además, un sin fin de informaciones de cualquier género se obtiene fácilmente al accionar un teclado y entrar en un buscador de internet. También, es muy probable que, en este mismo instante, esté surgiendo una nueva herramienta o sistema que supere todo lo que ahora nos maravilla.

Por otro lado –contradiciendo a quienes sólo miran hechos apocalípticos ligados a desastres naturales, guerras y nuevas plagas socioeconómicas– una ola de amor y luz baña la conciencia de millones de seres en la tierra, manifestándose una especie de unicidad de almas en un nivel de alta vibración. ¿Será esto lo que se ha denominado como la Nueva Era? No lo se, hijo querido. Tal vez el nombre no importe mucho. Pero lo cierto es que, al menos hasta finales del 2016 –momento en el que escribo este libro– las expresiones espirituales se han multiplicado aceleradamente y han aumentado las conexiones esenciales en busca de alimentar la trilogía mente–cuerpo–espíritu. Justamente Los Angeles –ciudad donde vivimos desde hace tres años– es un hervidero de tendencias para profundizar en el alma.

Ya no se trata de religiones que han dominado la historia de la humanidad, sino de movimientos místicos de distintas categorías que parecieran tener un objetivo común: lograr la paz interior y expresar amor incondicional. La invocación de Dios, el Espíritu, la Luz, el Universo o cualquier otro nombre que le funcione a cada quien, es una práctica cada vez más frecuente en centenares de personas que probablemente se han sorprendido –como es mi caso– al encontrar una senda simple para llegar al ser verdadero que habita en nuestro interior.

Sabiendo que todos los procesos son perfectos y únicos, a veces me pregunto si yo hubiese sanado mi dolor más rápidamente accediendo al cúmulo de información que se maneja hoy en día sobre el tema de la muerte; y, más específicamente, sobre la vida después de la muerte. Son decenas las páginas de internet que hacen referencia a estos tópicos; y es asombroso el número de testimonios y resultados de distintas investigaciones sobre Experiencias Cercanas a la Muerte (ECM) volcadas, además, en escritos y videos.

Yo sólo contaba con tu testimonio y muchas ganas de entender lo que te sucedió. Agradecida por la sabiduría divina que me guio, hoy me regocijo al conocer nuevos y copiosos detalles que sirven para ampliar mi panorama. Y nuevamente me encuentro con las investigaciones del Dr. Raymond Moody, autor de "Vida Después de la Vida", libro que me despertó las ansias de explorar más a fondo durante mi primera etapa de sanación. Desde los años 80's, Moody se convirtió en un referente obligatorio al indagar sobre ese tema. Pero, actualmente, su nombre se ha popularizado mundialmente gracias a las redes sociales y a múltiples entrevistas publicadas, además de sus propios artículos y libros.

No sabes cuánto me complace escuchar el tono de voz pausado y sentir la paz que emite el Dr. Moody, cuando reflexiona sobre un asunto que –a pesar de tantos avances experimentados por la humanidad– aún sigue siendo tabú, al menos en nuestra civilización occidental. Criado en una familia no religiosa, Moody confesó en una entrevista grabada en video a principios del 2016, que la idea de una vida después de la muerte nunca fue racional para él. Sin embargo, fue enfático al decir: *"Va a llegar el momento en que la gente deje de dar otras explicaciones y simplemente admita, como yo lo he admitido desde hace tres o cuatro años, que esta Experiencia Cercana a la Muerte es aparentemente una visita temporal a otra dimensión real (...) Para mí, esto fue muy duro admitirlo (...) Lo que definitivamente estamos forzados a darnos cuenta es que este mundo es una ilusión, una proyección de conciencias"*.

Raymond Moody, médico y filósofo, volvió a sorprender en el 2010, con otra publicación: *"Destellos de Eternidad"* [10], un libro donde va más allá de sus primeras conclusiones. Esta vez, confirma la existencia de un fenómeno que él ha llamado Experiencias de Muerte Compartida (EMC) [11]. Desde

---

10 De su título original en inglés "Glimpses of Eternity", de Raymond Moody escrito con Paul Perry.

11 Shared Death Experiences (SDE), tal como Raymond Moody lo denomina originalmente en inglés.

los 80's –y más aún después de fallecer su propia madre en 1994, cuando él mismo experimentó el fenómeno de EMC– el Dr. Moody se dedicó a investigar una situación inaudita que numerosos testigos le habían narrado. Él lo explica así: *"Las experiencias de muerte compartidas son como las experiencias cercanas a la muerte, sólo que se producen en una persona que no está enferma. Suelen suceder a una o varias personas que están junto al lecho de muerte de otra; y tienen lugar cuando la persona enferma está próxima a la muerte o cuando acaba de morir"*[12] .

De esta manera, mi querido Demian, el Dr. Moody registra en este libro asombrosas experiencias de familiares, médicos, enfermeros u otros testigos con vida, que se encontraban al lado de alguien durante su fallecimiento. Y enumera las situaciones en común, narradas por sus entrevistados: observaron cómo la persona que murió se desdobló y su espíritu se salió del cuerpo; o ellos mismos se salieron de sus cuerpos para acompañar por un trecho a la persona que falleció y luego regresaron; o experimentaron entrar en otro plano viendo un cambio en la geometría de la sala donde estaban; o escucharon una música hermosa difícil de describir; o vieron una luz brillante, que llenó de paz el espacio; o percibieron espíritus de personas que se han ido anteriormente; y hasta hay quienes vivieron junto al difunto la revisión de sus vidas como en una película.

¿No te parece un descubrimiento extraordinario? Ya no se trata de personas que –como te sucedió a ti– estuvieron

---

12 "Destellos de Eternidad" de Raymon Moody, página 59.

clínicamente muertos y luego volvieron a la vida. Estos son seres sanos, vivos, alertas, que no pueden ser acusados de haber sufrido una alucinación. Según Moody, los casos se dan con mucha frecuencia –repitiéndose muy seguido entre médicos y enfermeros que atienden a moribundos–, pero no todos se dan a conocer debido a la generalizada renuencia a narrar hechos tan insólitos.

Precisamente, recopilando estos nuevos datos, recordé que Amacilis –mi cuñada, la viuda de tu tío Saki– me contó la experiencia que tuvo en el momento de la muerte de quien fuera su esposo durante 35 años. Quise conocer más a fondo los detalles para traerlos a estas páginas, sabiendo que las vivencias de seres cercanos a nosotros adquieren un valor mucho mayor.

Cuando conversé con ella, mi sorpresa fue doble. Mi queridísima Amacilis tenía, además, otra revelación que hacerme: a los 22 años de edad, ella también tuvo una Experiencia Cercana a la Muerte. Me explicó que no quiso hablarme de eso cuando tú partiste, porque pensaba que me iba a entristecer más. Claro, ella no sabía que yo estaba a la caza de cualquier elemento que reforzara el relato sobre tu viaje con retorno a otros planos.

En fin que, en la charla, Amacilis se remontó a 1975 en Caracas, la noche cuando ella dio a luz a Roxana, su primera hija; tu prima, a quien todos le decimos Gugú y con quien tenías una relación de hermanos. El de Amacilis fue un parto normal, como lo esperaban. Ella, con la inquietud de una joven primeriza, estaba muy pendiente de cómo quedaría su barriga. Esa madrugada cuando estaba en la habitación de la clínica en compañía de su mamá, se despertó para mirar su cuerpo debajo de las sábanas, porque sentía el vientre muy inflado. Comenzó, entonces, lo inesperado.

—Me vi la barriga enorme y le dije a mi mamá que se acercara para que viera cómo la tenía. Comencé a sentir algo raro y, cuando ella se acercó, le dije: "Me estoy desmayando, mamá, me siento muy mal. Y me fui —me contó Amacilis—. En ese momento vi una luz bellísima en forma de cono; la parte más angosta del cono estaba hacia el final y la más ancha hacia mí. No sentí miedo, ni angustia, ni nada. Sólo decía: "¡Qué maravilla!, ¿qué será esto? ¡Qué belleza! No veía más nada sino la luz. Y yo iba como volando; no caminaba, volaba como si me estuvieran chupando hacia el final del cono. Pero, iba sin miedo, sin temor de ningún tipo, mientras decía: "¡Qué maravilla esto, qué bello!". Luego, vi una cara. Recuerdo que pensé: "¿Será Dios?". Pero, en ese mismo instante, me vi a mí misma acostada en la habitación de la clínica. Vi a mi mamá a un lado, llorando. Yo le hablaba: "Mamá, no llores, esto es maravilloso, no se siente nada, no llores, yo estoy muy bien". Pero ella no podía escuchar lo que yo decía desde arriba. También veía a los médicos encima de mi cuerpo; uno de ellos ordenaba: "Dale más duro que se está yendo". Me veía a mí misma en la cama; estaba con los ojos cerrados. Y unos minutos después, regresé a mi cuerpo otra vez, y me desperté.

Amacilis regresó con una sensación extraña; su mamá la abrazó entre lágrimas y los médicos la llevaron de inmediato al quirófano. Después, supo que había tenido una hemorragia interna y que hicieron todos los esfuerzos por revivirla.

—Cuando me regresaron a la habitación, ya estaba amaneciendo. Entonces, le conté a mi mamá lo que había sucedido —continuó Amacilis—. Yo estaba confundida; estaba como perdida; no sabía cuánto tiempo había pasado. Cuando la enfermera entró a tomarme la tensión, también le eché el cuento. La enfermera me dijo: "Eso pasa mucho cuando la gente se muere y luego regresa". Pero, después de eso, no le comenté nada de lo sucedido a más nadie. Todos mis amigos eran muy jóvenes y nadie me iba a creer.

Fue lo mismo que tú me dijiste aquel domingo de 1998: *"Mis amigos van a creer que estoy loco"*. Y es lo mismo que explican centenares de personas cuyos testimonios se han divulgado a través de distintos medios. Lo cierto es que Amacilis tuvo muy presente esa Experiencia Cercana a la Muerte cuando, en diciembre del 2007, le tocó vivir lo que el Dr. Moody ha llamado una Experiencia de Muerte Compartida. Así me la narró:

—Saki se levantó a las 6:30 de la mañana. Yo todavía estaba acostada. Él fue a la cocina, se tomó una Pepsi Cola y una pastilla para el dolor de cabeza; y, luego se sentó en la cama, al lado mío, a leer. Me arropó y me besó. Después, yo me volteé hacia él para mirarlo, y vi algo muy raro. Vi que él estaba como doble; estaba él y también estaba él encima de él mismo. Me dije a mi misma: "Saki se murió". Y comencé a gritarle: "¡Saki, Saki, Saki!". Cuando me di cuenta que no reaccionaba, me monté encima de él y le di golpes en el corazón. Le decía:

"Te acabas de ir, pero sé que estas aquí mirándome; por favor, regresa. Tú me estas viendo, se que estás arriba mirándome, porque a mí me pasó eso mismo cuando nació Gugú"... Yo siempre he pensado que vi su alma cuando estaba saliendo de su cuerpo. Fue una cosa muy extraña.

Y esa cosa extraña coincide con muchas de las narraciones que el Dr. Moody recopiló en su libro "Destellos de Eternidad". Revelaciones que se hacen aún más interesantes cuando el Dr. Moody reporta que, generalmente, quienes han tenido una Experiencia de Muerte Compartida logran aliviar la ansiedad y el miedo a la muerte; completan sus duelos con mayor rapidez; incrementan el optimismo hacia la vida, hacia sus relaciones y hacia sí mismo; o se comprometen a vivir de acuerdo a valores más esenciales.

Por otro lado, también me propuse indagar más a fondo sobre la conversación telefónica que tuve con Beatriz Gómez, después de tu partida, y que ya narré en un capítulo anterior. En aquel momento no me dio detalles, pero sí me aseguró que tú estabas muy bien porque ella misma se había ido y había regresado en dos oportunidades. Decidí, entonces, llamarla para que me contara los pormenores que, hace 18 años, no salieron a relucir. Y así me narró su primera experiencia:

— Yo tenía tres meses de haber dado a luz a mi tercer hijo. Estaba en una embajada donde nos invitaron a una reunión de celebración. En ese momento, no sabía que mi cuerpo no estaba tolerando el azúcar. Me tomé una Coca Cola y, casi de inmediato, comencé a marearme y a perder el conocimiento. Hice un gran esfuerzo por llegar a donde estaba mi esposo, y le dije: "Agárrame fuerte que me estoy yendo". Y me fui... No sentí dolor, ni nada incómodo, no sufrí, ni me desesperé. Sólo sentí una calma inimaginable, una condición ideal: era como comida liviana, felicidad total, placer, todo a la vez... Hubo una oscuridad absoluta, pero mucha tranquilidad y algo que no tenía forma ni luz; algo superior que me cuestionaba... Yo no quería volver, porque era un placer... Y por un instante que pensé en mis hijos, algo me jaló hacia atrás y ahí sí pude ver algo de luz a los lados. En ese momento, abrí los ojos y vi a mi esposo que estaba impresionado. Después de mucho tiempo, me dijeron que había estado en esa situación alrededor de dos minutos, mientras me colocaban en posición para la respiración boca a boca que me dio un médico de guerra, quien reconoció de inmediato que se trataba de un paro respiratorio. Me oprimieron el torso varias veces hasta que me sacaron de esa condición... Luego lo que recuerdo claramente es el gran esfuerzo que hice –que hacemos todos los seres humanos– para cargar con todo este cuerpo. Es un esfuerzo atlético. Tenemos que usar muchísima fuerza para podernos mover y respirar. Sólo el que volvió lo sabe...

A partir de entonces, la bella Beatriz –pintora venezolana, quien vive en las montañas de Colorado– está muy consciente del azúcar que no debe comer. Es una mujer que emana mucha dulzura y paz, como si aún estuviese sintiendo las vibraciones del hermoso lugar de donde no quería regresar. Pareciera que esa exhalación de bienestar espiritual es manifestada por la mayoría de quienes viven una Experiencia

Cercana a la Muerte. Yo la sentí en ti, mi amado Demian, y ya lo relaté al principio de este libro. Pero quisiera encontrar otras palabras para describir el aura de serenidad, de sosiego, que te rodeó durante tus últimos dos meses en este plano físico. Creo que podría describirlo simplemente así: Tú irradiabas amor.

Tal vez por eso, Demian, no me resulta extraño que los protagonistas de las revelaciones sobre viajes al otro lado de la vida coincidan en la sensación de amor y de paz que experimentaron. Y me satisface que los ECM más difundidos corresponden a médicos. Reconocidos científicos acostumbrados a demarcar muy bien sus actividades profesionales de cualquier empirismo, repentinamente, han llenado páginas de libros y blogs con sus testimonios de Experiencias Cercanas a la Muerte.

Al menos uno de ellos, el Dr. Eben Alexander, logró captar la atención de millones de personas. Su condición de neurocirujano, con un profuso y relevante desempeño en importantes hospitales y universidades de Estados Unidos, le sirvió de plataforma para que su relato se reprodujera aceleradamente alrededor del mundo. Y yo estuve más que complacida cuando conocí su vivencia; la misma que logró la portada de la revista Newsweek con el atractivo título "El Cielo es Real"[13] , en el 2012.

El propio Dr. Alexander escribió ese artículo en Newsweek,

---

13 De su título original en ingles "Heaven is Real". Revista Newsweek edición del 10/08/12.

cuya introducción va directo a los escépticos: *"Como neurociruja-no, yo no creía en el fenómeno de las experiencias cercanas a la muerte. Hijo de un neurocirujano, crecí en un mundo científico. He seguido el camino de mi padre y me convertí en un neurocirujano académico, dando clases en Harvard Medical School y otras universidades. Entiendo lo que ocurre en el cerebro cuando las personas están a punto de morir, y siempre había creído que había una buena explicación científica para los viajes celestiales fuera del cuerpo descritos por aquellos que, por poco, escaparon a la muerte".*

Sucedió que, en el 2008, como resultado de una meningitis severa, el Dr. Alexander estuvo en coma durante siete días en el mismo hospital de Virginia donde trabajaba. A los 54 años de edad, tenía pocas probabilidades de sobrevivir y, en el mejor de los casos, quedaría en estado vegetativo. Pero, mientras médicos y familiares esperaban un desenlace negativo, Alexander estaba viviendo un suceso místico sin explicación científica. En su artículo de Newsweek, él dice: *"Mientras las neuronas de mi corteza cerebral fueron aturdidas hasta su total inactividad por las bacterias que las habían atacado, mi conciencia liberada del cerebro había viajado a una diferente y mayor dimensión del universo: una dimensión que nunca había soñado que podía existir, y que mi viejo yo, previo al coma, hubiera estado más que feliz explicando que se trataba de una simple imposibilidad. (...) Lo que vi y aprendí allí me ha puesto literalmente en un mundo nuevo: un mundo en el que somos mucho más que nuestros cerebros y cuerpos, y donde la muerte no es el final de la conciencia, sino más bien un capítulo de un vasto e incalculablemente positivo viaje (...) Todos los argumentos principales en contra de las Experiencias*

Cercanas a la Muerte sugieren que éstas son el resultado de un mínimo, transitorio, o parcial mal funcionamiento de la corteza cerebral. Sin embargo, mi Experiencia Cercana a la Muerte no tuvo lugar mientras mi corteza estaba funcionando mal, sino mientras estaba simplemente apagada".

Los detalles de su caso –y el fascinante viaje que realizó a ese lugar donde encontró una "multitud de seres transparentes y brillantes" y donde recibió mensajes que cambiaron su vida para siempre– son narrados por él en el libro *"La Prueba del Cielo. El Viaje de un Neurocirujano a la Vida después de la Muerte"*[14] . En Newsweek, él adelanta: *"Si alguien, incluso un médico, me hubiera contado una historia como ésta en los viejos tiempos, hubiera estado bastante seguro de que estaba bajo el hechizo de algún delirio. Pero, lo que me pasó, lejos de ser delirante, fue tan real o más real que cualquier otro acontecimiento en mi vida. Eso incluye el día de mi boda y el nacimiento de mis dos hijos".*

Procesé la narración del Dr. Alexander como el coronamiento a tantos años de lecturas sobre un tema en el que tú me iniciaste. La tomé como un solemne remate a mis exploraciones hechas casi a tientas. Y, luego, más recientemente, la narración de otro médico significó para mí una espléndida culminación de esa fase.

Me refiero al Dr. Rajiv Parti, ex Jefe de Anestesiología en el Hospital Bakersfield Heart de California. Ese era su cargo en el 2008, con un apetecible salario que le permitía llevar

---

14 De su título original en inglés "Proof of Heaven. A Neurosurgeon's Journey into the Afterlife", by Eben Alexander, M.D.

la vida de lujos y comodidades que se propuso cuando dejó la India, su país de origen. Sin embargo, ese mismo año fue diagnosticado con cáncer de próstata que le generó serias complicaciones; hasta que, en diciembre del 2010, fue internado de emergencia en el UCLA Hospital, padeciendo de septicemia. Fue entonces cuando comenzó su extraordinario viaje que narró en un libro –escrito junto a Paul Perry– publicado en agosto del 2016[15]. El legendario Dr. Raymond Moody escribió el prólogo de esta obra, destacando que el testimonio del ex–anestesiólogo les agrega una nueva dimensión a los estudios de las ECM.

Y es que el relato del doctor Parti es tan asombroso como convincente. Al menos, lo fue para mí, Demian. Él estuvo ajeno a un elemento que se repite en centenares de historias como la tuya: la belleza y la paz de ese lugar que está más allá de la vida. Por el contrario, el Dr. Parti se introdujo en un espacio de tinieblas y oscuridad; una visita al "infierno", como lo califica Moody en el prólogo. Ese viaje "infernal" lo vivió justamente la noche de Navidad del 2010. Paul Perry –coautor de su libro– resumió los hechos en un artículo publicado por la revista Time [16], de esta manera:

"Aunque él (Parti) estaba profundamente dormido por la

---

15 "Dying to Wake Up. A Doctor's Voyage into the Afterlife and the Wisdom he Brought Back", título original del libro en Inglés, escrito por Dr. Rajiv Parti con Paul Perry. Al momento de escribir estas líneas, aún no había sido traducido al español.

16 "One Man's Tale of Dying and Then Waking Up". Título original en inglés del artículo de Paul Perry, publicado en la Revista Time el 10 de agosto del 2016.

anestesia, estaba muy al tanto de que su conciencia se había separado de su cuerpo. Desde un punto de vista cercano al techo, él pudo ver al cirujano que le hizo la incisión y, luego, la reacción de todo el personal de la sala de operaciones cuando el olor a pus de su abdomen infectado impregnó la habitación. Vio a una enfermera aplicando agua con esencia de eucalipto a las mascarillas quirúrgicas de todos. Incluso, él escuchó al anestesiólogo diciendo un chiste tan obsceno que éste se ruborizó cuando, más tarde, se lo recordó en la sala de recuperación. El Dr. Parti, entonces, salió de la sala de operación y comenzó a flotar a la deriva hacia voces en la India, donde pudo escuchar a su madre y su hermana hablando sobre la preparación de la cena, eligiendo arroz, vegetales, yogurt y legumbres. Él pudo ver que estaban abrigadas para protegerse del aire frío y brumoso de esa noche. Un pequeño calentador eléctrico brillaba, ayudando a quitar el frío de la habitación".

El encuentro surrealista con su familia –a más de 12 mil kilómetros de distancia del hospital donde lo estaban operando– fue la antesala de su sombrío recorrido. El doctor Parti cuenta que, en ese momento, sintió una fuerza invisible que lo lanzó hacia una dimensión colmada de nubes negras, rayos, fuego y criaturas de aspectos demoníacos; y aparecieron, ante él, personas con las cuales él había sido descortés durante su vida. Sin embargo, mi querido Demian, tan tenebrosa travesía tuvo un final feliz. Paul Perry, también lo comentó en el artículo de *Time* que cité anteriormente:

"En medio de este horror, el Dr. Parti comenzó a adquirir una fuerte conciencia de que la vida que estaba viviendo era

muy materialista. Su vida fue siempre acerca de él. Tan es así que, cuando el Dr. Parti conocía a alguien, se preguntaba a sí mismo: ¿Qué puedo obtener de esta persona? Ahí en el infierno, cayó en cuenta de la verdad: la vida que estaba viviendo en la tierra carecía de amor. No estaba practicando compasión o perdón hacia él mismo o hacia los demás. También tenía una desagradable tendencia a ser duro con la gente que él percibía con un status inferior al de él. Se sintió profundamente arrepentido por su falta de amabilidad, deseando haber podido hacer ciertas cosas en su vida de una manera diferente. Tan pronto como tuvo ese entendimiento, el infierno se desvaneció".

Según la descripción de Parti, su propio padre –quien había fallecido años atrás– apareció junto a él para conducirlo a través de un túnel que terminaba en una luz muy potente donde lo esperaban dos arcángeles que le transmitieron una enorme paz y armonía. Con esa sensación, despertó nuevamente en el UCLA Hospital. Para sorpresa de todos, el Dr. Parti verificó con los cirujanos lo sucedido en la sala de operaciones, incluyendo el chiste obsceno que escuchó. Y su familia en la India le confirmó su visión, asombrados todos por la exacta descripción que hizo del sari verde que vestía la madre cuando la vio conversando con su hermana. Perry concluyó su artículo en la revista Time así: *"Literalmente, el Dr. Parti fue transformado por la luz".*

Y es que, después de recuperarse completamente, el afamado anestesiólogo vendió su mansión y sus carros lujosos, se instaló en una casa modesta, y renunció a su prestigioso cargo en el hospital para dedicarse a sanar a personas con depresión, adicciones y dolor crónico. En una entrevista que concedió a un canal de televisión, Parti quiso dejar claro que no es necesario tener una Experiencia Cercana a la Muerte para transformar la vida. Y sugirió a la audiencia: *"Se puede hacer ahora mismo, a través del amor y del perdón"*.

Pienso, entonces, que quienes han experimentado ese inesperado sacudón son los mejores y más efectivos mensajeros para el resto de los mortales en este plano físico. Así como lo fuiste tú para mí, Demian. Porque, al compartir conmigo tu fascinante secreto, me diste el empujón necesario para seguir adelante cuando ya no estabas. Tu relato me inspiró a continuar en mi sendero interno del alma y a profundizar en las enseñanzas del Espíritu. Imaginarte en ese placentero lugar, lleno de gozo y dicha, calmó mis peores pesadillas y fue la principal motivación de mi búsqueda. Y, como si fuera poco, me ha servido de referencia obligatoria al momento de escoger al amor y la luz como mi norte en esta vida; al momento de escoger ser feliz sin importar lo que suceda.

El reencuentro conmigo misma a través de ti ha sido, también, el mayor impulso para enfocar mi interés en las investigaciones realizadas sobre la vida más allá de la muerte. Puedo asegurar que son incontables los testimonios que se han dado a conocer desde que el Dr. Raymond Moody comenzó a explorar el tema en los 70's. Mientras he estado escribiendo este libro, seguramente se han reproducido decenas de historias más; y, quizás, surjan algunas más llamativas e impactantes que el resto. Sin embargo, pienso que este asunto no tiene todavía el espacio que merece; sería invalorable la repercusión positiva que tendría en millones de seres humanos. Por eso yo –sin pretender ser experta en la materia– he querido presentar una pequeña recopilación basada sobre mi propio despertar después de tu partida física. Mi deseo más íntimo es facilitarles un apoyo a otras personas, en el camino para la toma de conciencia sobre un asunto tan vital. Porque, paradójicamente, esta es una cuestión de vida y no de muerte.

Me resulta magnífico que Oprah Winfrey, la legendaria presentadora y empresaria de televisión, haya tenido interés por los ECM durante más de 20 años de entrevistas en su show y, luego, en su propio canal de TV. Con un entrenamiento espiritual que le permite acercarse sin prejuicios al tema, Oprah ha llevado al público asombrosos testimonios como el de la actriz Elizabeth Taylor quien, en 1992, contó frente a las cámaras su experiencia en Londres, sucedida 30 años atrás. En el video que circula por internet, se puede ver a la bella mujer de los ojos color violeta recordando cómo fue declarada muerta mientras podía ver, desde arriba de su cuerpo, a los médicos alrededor de ella; y cómo entró en ese túnel donde había gente que ella reconoció, entre ellos su padre quien había fallecido tres años antes del evento. *"Pude leer mi propio obituario; en todos los periódicos decían que yo había muerto. ¡Nunca tuve tan buenas reseñas!"*, bromeó Taylor quien también comentó que, durante muchos años, no quiso contar lo que le sucedió, ya que los médicos que la trataron en aquel momento no le creyeron. Ella tampoco quería que la tomaran por loca. Una excelente coincidencia contigo, mi amado Demian.

Unos años más tarde, en el 2004, otra afamada actriz y productora de cine también narró su ECM ante las cámaras de Oprah. Sharon Stone –cuya entrevista se encuentra en internet– tuvo esa vivencia en el 2001, cuando sufrió una hemorragia cerebral. Stone le confesó a Oprah haber visto una luz muy blanca y personas conocidas que ya habían muerto, además de haber experimentado una increíble sensación de bienestar. *"No es nada para temer; es hermoso amoroso, gentil, bueno...me sentí muy a salvo y okey"*, fueron sus palabras en ese entonces. Y ahora, 12 años después –en septiembre del 2016– la historia de Sharon Stone pasó a ser el tema principal en la portada de la revista *Closer Weekly*, y luego reproducido en numerosas publicaciones de entretenimiento. *"Morí y Regresé a la Vida"*[17] , decía el gran titular junto a la fotografía de la actriz, quien aseguró no tener miedo a morir después de esa experiencia.

Pero Oprah Winfrey no sólo se ha limitado a los relatos de personas ligadas al mundo del entretenimiento. Tampoco la edad de sus entrevistados ha sido un común denominador. Me conmovió ver el video de su show donde ella entrevista a tres adolescentes norteamericanos cuyas historias de ECM sucedieron durante sus años de niñez. Las descripciones son detalladas, y los muchachos coinciden en la belleza del lugar, la paz que sintieron y la ausencia de temor. Inclusive, dos de ellos recordaron con precisión el encuentro con seres especiales que ellos identificaron como sus ángeles guardianes.

De la serie de entrevistas realizadas para *Supersoul Sunday* –programa que Oprah transmite por su canal de televisión

---

17 "I Died and Came Back to Life", título original del artículo en inglés.

OWN– fueron seleccionados cuatro testimonios para la página web de OWN con el título: *"4 Experiencias Cercanas a la Muerte que le Harán Cuestionar Todo"*[18] . Entre ellas, se encuentra la del neurocirujano Eben Alexander, cuya ECM ya cité en páginas anteriores. El sumario de estas cuatro entrevistas, dice: *"A veces, las personas que han dejado de vivir –aunque sea temporalmente– ven cosas que otros no ven. Cuando regresan y cuentan sus experiencias, las escuchamos con la esperanza de entender un reino desconocido. Sus recuentos tienen el poder de cambiar nuestras vidas y nos hacen pensar sobre el mundo de una manera diferente"*. ¡Cuánta verdad en estas palabras, Demian!

Por lo que yo he explorado, la revelación sobre ECM más difundida a nivel mundial es la de Betty Eadie, india nativa de Estados Unidos, quien dio a conocer su peculiar viaje en su libro *"He Visto la Luz. Testimonio Real de un Regreso del Más Allá"*[19] . Esta autora y oradora, madre de ocho hijos, tuvo su asombrosa experiencia en 1973 después de haber sido sometida a una operación que le ocasionó una fuerte hemorragia. Durante casi 20 años, Eadie sólo compartió su vivencia con familiares cercanos, amigos y algunos grupos de discusión. Hasta que en 1992 decidió publicar su testimonio, vendiendo 20 mil copias en tan solo dos semanas. Sucesivas ediciones lograron mantener su libro en la lista

---

18 "4 Near-Death Experiences that will Make you Question Everything", título original en inglés.

19 "Embraces by the Light: The Most Profound and Complete Near Death Experience Ever", por Betty J. Eadie, título original del libro en Inglés.

de *bestsellers* del New York Times durante 78 semanas. Y al día de hoy, asegura haber vendido más 13 millones de copias, en 130 países, con traducción a 38 idiomas diferentes.

Recuerdo, Demian, que *"He Visto la Luz"* llegó a mis manos unos meses después de tu partida. Lo comencé a leer y no lo terminé. Me sentí aturdida con tanta información nueva; no sabía cómo digerirla. Yo tenía sólo dos años en mis estudios espirituales con John-Roger, y aún estaba tratando de asimilar lo que hoy me resulta familiar: la existencia del reino del alma, nuestro verdadero hogar, y la presencia del padre-madre-Dios tal como he aprendido a llamar a esa energía gloriosa que sólo emana amor y luz.

Con impresionantes detalles, Betty Eadie describe en su libro cómo se desprendió de su cuerpo e inició un recorrido hasta llegar al túnel que la condujo al encuentro de una silueta de radiante luz. Esa silueta –a quien ella identificó como Jesucristo– la introdujo en los misterios de un mundo celestial donde pudo ver a seres queridos que habían fallecido, visitó lugares hermosos y presenció figuras angelicales. Pero, a diferencia de otros testimonios, Eadie ahonda en las enseñanzas espirituales que recibió durante algunas horas en ese "más allá", donde ella quería quedarse para siempre. Sin embargo, regresó a su cuerpo con el precepto de cumplir una misión en este plano físico. El propio Reymond Moody dice que la versión de Eddie es *"la más profunda y completa"* Experiencia Cercana a la Muerte que se conozca.

Mientras me adentraba nuevamente en estas reflexiones,

decidí retomar el relato de Betty Eadie. Dada mi preferencia de mirar a los protagonistas narrando sus propias historias, busqué el video de la entrevista que Oprah Winfrey le hizo a Eadie en su show, después de lanzar su libro en los 90's. ¡Lo miré y quedé maravillada! Lo primero que me vino a la mente con enorme fuerza es que tú, amado hijo, estas en ese lugar y puedes conectarte con esos seres de luz de los cuales ella habla; y que –tal como me dijiste cuando hablaste conmigo a través de Erika– tú también eres luz. Tú también eres luz, Demian.

¡Que belleza! Te siento ahora como cuando comencé a escribir este libro. Siento tu presencia a mi lado y casi escucho tu susurro en mi oído. Cierro los ojos y continúo escribiendo estas líneas para sentirte aún más. Lo puedo hacer, conozco el teclado de memoria... ¡Qué hermoso es este proceso de escribir para ti; de escribir nuestra historia de amor! Porque de amor se trata todo esto. Es la historia de amor de nosotros dos y, de alguna manera, de los cuatro, de nuestra pequeña y bella familia. Te amo y te seguiré amando como lo que ahora eres y siempre has sido. ¿No es maravilloso? ¡Qué bendición poder decir esto a los cuatro vientos, sin temor, sin ninguna barrera que me lo impida!

Continúo mi recuento con mayor energía. Me detengo ahora en otro importante medio de difusión de mensajes, que también ha incluido a las ECM en su contenido. Se trata de TED, organización sin fines de lucro dedicada a difundir ideas a través de charlas, registradas en videos de corta duración. Con millones de seguidores alrededor del mundo, TED cubre tópicos que van desde la ciencia, pasando por los negocios, hasta temas globales. Pude encontrar en TED –cuya página web recopila todos sus videos– diversas charlas de personas narrando historias inspiradoras basadas en sus ECM.

Lewis Brown Griggs, por ejemplo, cuenta que no sólo tuvo una relevante Experiencia Cercana a la Muerte en 1977 sino que, exactamente 20 años después –mientras se encontraba en coma causado por un contundente golpe en el cerebro– volvió a traspasar el umbral del "más allá". Este acaudalado hombre de negocios, graduado en Ciencias Políticas y con un Master en Stanford Business School, dice que encontró, así, el propósito de su vida: comunicarle a la gente que *"todos somos Uno"* y, a la vez, *"únicos"*, algo que le quedó claro después de su doble viaje a lugares insospechados. En sus talleres como coach de empresas, Brown Griggs insiste en que *"el alma nunca muere"*, porque el alma *"es cien por ciento luz"*.

Otra de las charlas de TED que captó mi atención fue dictada por la biofísica y bióloga experta en formación de células, Joyce Hawkes. Esta mujer, con una excelente reputación internacional por sus contribuciones científicas, se declaraba atea y tampoco creía en la existencia de las ECM; hasta el día en que un objeto pesado cayó sobre su cabeza mientras hacía la limpieza de su casa. A partir de ese momento, todo cambió para ella. Estuvo inconsciente durante más de una hora; viajó por el túnel, y experimentó un encuentro sublime con su madre y abuela –fallecidas con anterioridad– en un lugar *"exquisitamente hermoso"* donde quería quedarse para siempre. Durante su conferencia en TED –en noviembre del 2013– explica cómo ese suceso transformó su vida por completo hasta llevarla a dejar su exitosa profesión, siete años después. Ella no pudo hacer caso omiso de la *"paz, la alegría y la claridad"* que sintió durante su visión. Tras años de investigar sobre ECM, y de explorar distintas tradiciones de sanación en lugares como la India y Bali, Joyce Hawkes desarrolló un don que ahora ejerce como sanadora: la habilidad de conectar el comportamiento de las células del cuerpo con la curación tradicional.

Pero hay un testimonio registrado en TED que ha logrado el mayor interés de quienes siguen estas charlas. Con más de un millón de espectadores al momento de señalarlo aquí, el video de Anita Moorjani –originaria de Singapore y de padres nacidos en la India– es absolutamente asombroso desde su comienzo: *"Una de las razones por las que estoy feliz de estar aquí hoy es porque no debía estar viva hoy; yo debí morir el 2 de febrero del 2006"*, relata esta mujer con evidente serenidad. Y es que, en la fecha señalada, los médicos les comunicaron a sus familiares que ella fallecería en pocas horas. Con apenas 85 libras de peso, padeciendo de fiebre persistente, conectada a un tanque de oxígeno, imposibilitada para caminar y con un linfoma en su estado más avanzado, ese día Moorjani cayó en coma. Sus órganos se apagaron y los doctores anunciaron su inminente muerte.

Esto sucedió en Hong Kong, donde Moorjani ha vivido la mayor parte de su vida. Ella asegura que, al entrar en coma, sintió como si se hubiera expandido fuera de su cuerpo y, de esa manera, podía estar en muchos lugares a la vez. *"Yo estaba en Hong Kong y estaba consciente de mi hermano en la India (...) Lo vi en el avión que tomó para ir a verme antes de morir"*, relata en el video. Ella también se comunicó con sus seres queridos que ya habían muerto. Aunque no quería regresar a su cuerpo, entendió que ya sabía la causa de su cáncer y cómo sanarlo por completo. Sorpresivamente para todos –especialmente para los médicos– Moorjani despertó del coma. En tan sólo cinco días sus tumores se redujeron en 70%; y cinco semanas después ya se encontraba en su casa, absolutamente libre de cáncer y sin ninguna explicación científica para lo ocurrido.

Anita Moorjani cuenta con detalles su ECM en *"Morir para ser Yo"*[20], libro publicado en marzo del 2012, que logró entrar en la lista de *bestseller* del New York Times en apenas dos semanas. Después de muchos años de trabajo en el mundo corporativo, Moorjani se dedica ahora a dar conferencias alrededor del mundo sobre cómo lidiar con enfermedades terminales y cómo encarar la muerte, siendo una permanente invitada del departamento de ciencias de la conducta de la Universidad de Hong Kong. Recientemente, anunció que lanzará su segunda publicación con el título *"What if this is Heaven?"*.

Mi amado Demian, tanto esta admirable mujer como la mayoría de los protagonistas de ECM, cuyos relatos he revisado desde tu despedida física, coinciden en destacar el mismo aprendizaje recibido en sus viajes al otro lado de esta vida: la suprema importancia de enfocarnos en el amor. En

---

20 "Dying to be Me: My Journey from Cancer, to Near Death, to True Healing", por Anita Moorjani, título original del libro en inglés.

tus conversaciones conmigo a través de Erika, también te empeñaste en hacer énfasis en el amor como algo vital: *"Ese sutil manto que es la existencia basada en el amor"*. Mi querido, mi hijo adorado, ¡estoy tan agradecida de tus lecciones de vida y tan feliz de nuestra relación eterna!

Todas las historias de ECM que llegan a mí, me remontan de inmediato a aquel domingo de cumpleaños en tu habitación. Tus palabras todavía siguen frescas en mi mente: *"Mami, por favor, no sigas llorando porque no hay ninguna razón para hacerlo. Yo no sufrí absolutamente nada. Te juro que me fui a un lugar demasiado bello. Era tan bello que no me quería regresar"*. ¡Cuán distintas las siento hoy en día! Es como si tus frases hubiesen alcanzado otra dimensión donde sólo la quietud y la paz tienen cabida. Ahora las escucho desde la placidez de mi corazón.

CAPÍTULO VII

Sin Miedo a la Muerte

El Alma, nuestra infinita esencia

Ya no tengo la urgencia de leer libros o mirar videos de testimonios sobre Experiencias Cercanas a la Muerte. Ahora las doy por sentado, no las pongo en duda. Miles de revelaciones se encuentran recopiladas en páginas web de organizaciones como *Near Death Experience Research Foundation*[21] –con traducción a más de 20 idiomas– y la *International Association for Near-Death Studies*[22], encargada de la investigación científica del fenómeno. Periódicamente surgen nuevas fuentes; personas que se atreven a compartir sus historias para dar cuenta de un espacio y una energía más allá del

---

[21] Fundación para la Investigación de Experiencias Cercanas a la Muerte.

[22] Asociación Internacional para los Estudios Cercanos a la Muerte.

plano físico. Con la certeza de su veracidad, me entusiasma que tales narraciones puedan servir de ayuda a quienes han perdido seres queridos y no encuentran sosiego. Por lo general, la presunción de que se han ido hacia una dimensión colmada de amor y luz brinda calma y ofrece respuestas a muchos temores.

Pero, además, me resulta sumamente importante resaltar el aprendizaje de la mayoría de esos sobrevivientes, en cuanto a la imperiosa necesidad de manifestar amor durante nuestro paso por esta vida. ¿Por qué esperar a morir para darnos cuenta que no hemos ejercido, al cien por ciento, el mayor don que tenemos: el amor? "Amaos los unos a los otros", pareciera ser el mandato más desestimado de todos los tiempos. ¿Por qué resulta tan difícil si, al final de cuentas, el amor es lo único que perdura después de nuestro tránsito por la tierra? ¿Y por qué la mayoría de las personas que han tenido una ECM regresan con mayor conciencia sobre la necesidad de amar? Esto fue algo que también percibí en ti, Demian, después de tu ECM. Durante esos dos meses, hasta el último momento en que permaneciste físicamente con nosotros, nos manifestaste tu amor incondicional en una mayor magnitud. El mismo amor que he seguido sintiendo de ti, a través de todos estos años.

Al hacer estas reflexiones, recordé la valiosa iniciativa que tuvo Candy Chang, artista taiwanés-estadounidense residenciada en New Orleans. En febrero del 2011, Chang dio a conocer un proyecto de arte interactivo que llamó "Antes de

Morir"[23] , ubicado en una casa abandonada de un barrio en New Orleans. Después de obtener los permisos necesarios, ella pintó una de las paredes frontales de la casa con pintura de pizarra –como si fuera un pizarrón de un salón de clases– y colocó la frase "Antes de Morir Yo Quiero..." al comienzo de cada una de las rayas que dibujó a lo largo de toda la pared; simulando una tarea para completar. Dejó varias tizas a un lado y se retiró. Al siguiente día, encontró la pared totalmente llena de frases escritas. Su propósito se había cumplido: las personas que pasaron por el lugar sintieron el llamado a considerar sus propias aspiraciones en esta vida. *"Ver a mi hija graduada", "Abandonar todas mis inseguridades", "Ser completamente yo", "Cantar para millones"*... sueños y anhelos para ser logrados antes de morir.

Cinco años más tarde, la pared diseñada por Chang se ha multiplicado en 73 países, en más de dos mil ciudades y en 36 idiomas diferentes. *"Decirle a mi mamá que la amo"; "Vivir en paz"; "Ser una inspiración", "Amar y ser amado", "Aprender a surfear", "Ver a mi abuelo y decirle que lo lamento", "Estar orgulloso de mí mismo", "Escribir un libro"*... miles de ilusiones alrededor del mundo a la espera de hacerse realidad. Quizás, tal proliferación se deba a que esa idea estuvo inspirada por un sentimiento muy profundo de la joven creadora. Dos años antes de lanzar su proyecto, ella vivió la inesperada pérdida de una persona a quien amaba como si fuera su madre. Chang sufrió una severa depresión que le impedía continuar con la vida diaria; pero, al mismo tiempo, pudo recapacitar sobre

---

23 De su título original en inglés, "Before I died".

lo fácil que resulta olvidar las cosas realmente esenciales en nuestra existencia. Fue entonces cuando tuvo la idea de emprender el proyecto en su vecindario de New Orleans, "para recordar lo que realmente importa". En una charla dictada en Chicago, Candy Chang afirmó: *"Con el fin de morir bien, necesitamos aprender cómo hablar al respecto"*. Sin duda, ella encontró una genuina manera de hacerlo.

Me llama la atención, Demian, que, en la última década, ha crecido el interés en presentar fórmulas novedosas para encarar el tema de la muerte y quitarle el velo de tabú que lo envuelve. Una de esas iniciativas es la creación de los llamados "Café de la Muerte" [24], reproducidos rápidamente desde la fundación del primero de ellos en Londres, a finales del 2011. La página web que los agrupa[25] los define como lugares donde se reúnen diversas personas, generalmente desconocidos, "para comer pasteles, tomar té y discutir sobre la muerte". Hasta ahora, están registrados 3607 cafés en 37 diferentes países del mundo, y sus actividades se anuncian periódicamente en la web. El objetivo: *"Aumentar la conciencia sobre la muerte con el fin de ayudar a las personas a aprovechar sus vidas (finitas) al máximo"*. El británico Jon Underwood, fundador de estas "franquicias sociales", ha destacado la atrayente paradoja de su iniciativa: *"A pesar de hablar sobre la muerte, queremos que sean una exaltación a la vida"*.

Ciertamente, mi experiencia de sanación después de tu viaje a otros planos me confirmó la importancia de hablar sobre ese

---

24 De su nombre original en Inglés, "Death Café".

25 http://deathcafe.com

tema; y especialmente sobre ti, mi amado Demian. Generalmente, se evade mencionar la muerte de un ser querido y, más aún, conversar sobre su paso por esta vida. Por el contrario, yo aprendí que para reencontrar mi felicidad interior –que pareció desvanecerse cuando te separaste físicamente de nosotros– necesitaba mantenerte presente en mis conversaciones. Familiares y amigos evitaban mencionar tu nombre, o referirse a alguna situación donde tú estabas involucrado, así se tratase de un grato recuerdo. Hoy en día, casi dos décadas después, la misma actitud persiste en muchas personas a mi alrededor. No es fácil comprender que, cuando mantengo conversaciones sobre ti, Demian, mi alma se llena de gozo. Es como si se activara el circuito invisible que nos mantiene unidos; como si se dispararan luces de colores para dar aviso de nuestra conexión eterna.

Porque al empeñarme en buscar información para entender el proceso que ambos estábamos atravesando –tú en espacios desconocidos y yo en el mundo físico– aprendí, finalmente, que la muerte es sólo una extensión de la vida. Las enseñanzas de John-Roger sobre la trascendencia del alma se hicieron, entonces, absolutamente irrefutables para mí; concienticé que el proceso de morir no es un final, sino una transición y un regreso al verdadero hogar de nuestra alma. J-R se paseó por ese concepto en sus disertaciones, seminarios, charlas y libros. Y lo expresó claramente: *"Hay una cosa en esta vida que todos vamos a hacer –está garantizado– y es que nuestro cuerpo físico morirá. Pero, nunca morirá quienes nosotros somos, y eso es el alma"*[26] .

---

26 "Fulfilling Your Spiritual Promise" de John-Roger, DSS (Tomo II, página 729).

Esa premisa no sólo me ayudó a disipar el dolor de no tenerte físicamente a mi lado; también fue una clave para liberarme de un gran miedo que –como le sucede a muchos– no me dejaba vivir a plenitud: el temor a morir. Las sabias palabras de mi maestro J-R no tienen desperdicio: *"No hay ninguna razón para tenerle miedo a la muerte. Es una compañera constante al igual que el nacimiento. Es tan normal como el día y la noche. Y, a pesar de que es una compañera constante, puedes elegir residir en la vida; lo que significa que, incluso en el momento de la muerte, todavía eliges la vida. Así que, aunque el cuerpo muere, el Espíritu se eleva hacia una nueva vida y una nueva promesa"*[27].

Sus contundentes afirmaciones me siguen guiando para no perder el verdadero norte: *"El ser humano es una enfermedad terminal; y una vez que entiendes eso, puedes sacrificar todo el concepto de la muerte y comenzar a vivir"*[28]. Exactamente eso me sucedió a mí: le encontré un sentido mayor a la vida y se evaporaron los pensamientos recurrentes que me impedían ver las bendiciones a mi alrededor al pensar que "nada vale la pena si, al fin y al cabo, me voy a morir". Fue una liberación y un renacer invalorable.

Durante todos estos años, he continuado leyendo a otros autores y guías espirituales, quienes han logrado reforzar mi

---

27 "Fulfilling Your Spiritual Promise" de John-Roger, DSS (Tomo II, página 766).

28 "Fulfilling Your Spiritual Promise" de John-Roger, DSS (Tomo II, página 750).

aprendizaje. La noción de la muerte como algo inexistente puede parecer ilógica y descabellada, pero está lo suficientemente fundamentada por distintas corrientes fuera de las fronteras netamente religiosas. Mi propósito no es enumerarlas ni demostrar su veracidad. Simplemente, he querido compartir lo que me ha ayudado a expandir mi conciencia para seguir viviendo a plenitud.

Quizás una de las expresiones más tajantes en este sentido está en la lección 163 de *"Un Curso de Milagros"*, cuyo enunciado dice: "La muerte no existe. El hijo de Dios es libre". Cuando leí la lección completa, percibí una clara invitación a vivir plenamente, resumida en la frase: *"...se nos concede poder mirar allende la muerte, y ver la vida que se encuentra más allá"*. Desde las primeras dos líneas que introducen a este "mágico" libro, está implícito ese concepto: *"Nada real puede ser amenazado/Nada irreal existe"*.

El argentino Julio Bevione –estudioso y propagador de *"Un Curso de Milagros"* [29], y autor de once libros sobre espiritualidad, – tiene una explicación sencilla y categórica: *"El Espíritu nunca muere, porque nunca nació"* [30] . Te confieso, Demian, que al escuchar estas siete palabras tan bien hilvanadas y de tan profundo significado, mi cuerpo se estremeció y sentí que algo se había aclarado muy dentro de

---

29 De su título original en Inglés "A Course in Miracles", de Helen Schucman y William Thetford.

30 Frase tomada del curso "La Comida no es Amor", dictado por Julio Bevione en videos colocados en su página web (juliobevione.com).

mí, para siempre. Las enseñanzas de Bevione –incansable comunicador de verdades espirituales para ser aplicadas en la vida diaria– me han acompañado en estos últimos dos años, acoplándose perfectamente en mi sendero interno. Aplaudo su humildad y la simplicidad con la que difunde sus profundos mensajes: *"El concepto de la muerte como final está errado (...) Deberíamos celebrar que una persona está transformándose hacia algo nuevo; no que está terminando (...) Si algo termina y algo comienza, prefiero celebrar lo que comienza y no llorar lo que termina. Porque lo que termina ya no está. Lo nuevo, lo que está llegando, merece ser celebrado y ser recibido con alegría"* [31].

Mi volver a la vida ha sido un proceso trabajoso, pero absolutamente fortalecedor. Siento que he salido victoriosa, mi amado Demian. Ahora sé, sin ninguna duda, que ese quien habla dentro de mí, ese ser superior que me guía cuando hago silencio para poder escucharlo, ese que acalla mis pensamientos, es quien existe realmente; y no la figura que veo cuando me paro frente al espejo. ¡Y claro que me gusta verme al espejo! Pero, también, cierro los ojos diariamente el mayor tiempo posible, para encontrarme con la voz interior que me arrulla y me susurra la verdad. Se trata de afinar bien el oído para no perder ni una palabra; y la mayoría de las veces, ni siquiera son palabras sino sensaciones, percepciones, imágenes...señales que no se pueden describir con el abecedario. Es mi Espíritu, es mi alma.

---

31 Tomado de una charla sobre la muerte dictada por Julio Bevione, cuyo video está colocado en su página web (juliobevione.com).

Tú lo sabes, Demian. Yo no soy especial ni diferente a nadie. Todos en esta tierra somos seres divinos, y estamos aquí juntos jugando un juego con reglas muy sencillas; tan sencillas que resultan increíbles. Pero, afortunadamente, yo había iniciado un camino espiritual antes de tu partida, y eso fue para mí un enorme apoyo para completar mi duelo y elegir ser feliz. Veo la perfección y agradezco el sagrado plan que me condujo al encuentro de mi propio Espíritu en el momento indicado; porque, de haber continuado en la negación y la oscuridad, seguramente estuviese aún hundida en el dolor, con la falsa creencia de haberte perdido para siempre.

A medida que han pasado los años, ha aumentado mi pasión por la vida; la he llevado intensamente hasta donde he podido, dejando cargas atrás, soltando lo innecesario, con desapego y amor a lo presente, perdonando y perdonándome. Me gusta hablar con la gente, ayudar a los demás, observar la naturaleza, mirar los ocasos, respirar el aire de mar; pero también disfruto enormemente de mis solitarios viajes internos de conexión con el Espíritu. Mi relación con Edgar continúa en evolución, mientras compartimos de corazón nuestras experiencias diarias, y expresamos en todas sus formas el amor que nos mantiene unidos. Tu hermano Edgar Daniel me enorgullece con su propia manera de ser, educado, amoroso, gentil, lleno de sabiduría innata; con él mantengo una magnífica comunicación y lo amo, al igual que a ti, incondicionalmente.

Agradezco infinitamente a John-Roger el haberme enseñado tres reglas que aplico diariamente, y que se hicieron más poderosas y fundamentales después de tu trascendencia:

- *Cuídate a ti mismo para que puedas cuidar a los demás.*
- *No te hieras a ti mismo, ni hieras a los demás.*
- *Usa todo para tu elevación, aprendizaje y crecimiento.*

Esta tercera regla ha sido la más retadora para mí al momento de ponerla en práctica. Porque, cuando J-R dice *"Usa todo..."*, se refiere precisamente a TODO: lo que parece bueno y lo que parece malo. "Todo" puede ser una alegría, pero también un sufrimiento; los encuentros y las despedidas; la aprobación y el rechazo...Y hasta la muerte de un ser amado, como tú.

¿Que cómo utilicé un dolor tan profundo para mi elevación, aprendizaje y crecimiento? Con mucho enfoque y constancia, confiando en mi voz interior, pude elevar mi espíritu hasta entender el proceso de la muerte y aprender que la vida es hermosa e infinita; y de esta manera creció mi amor y mi paz interna. Ya lo dije, yo no soy un ser especial. Simplemente, la vida me dio una trompada para que me ubicara mejor en este gigantesco tablero donde estamos jugando millones de seres humanos. Pude haber elegido el drama y el sufrimiento por encima del amor y la luz. Pero no. Mi voz interior se encargó de aumentar el volumen de sus susurros y de hacerme escuchar esa verdad con mucha fuerza.

Hoy en día, me mantengo en un continuo aprendizaje, buscando la simplicidad de la vida, persiguiendo la felicidad en cada palabra hermosa, en cada sonrisa, en las montañas, el cielo azul y las olas marinas. Pero también, en las reacciones rudas, en las situaciones desafiantes y en la oscuridad. Ahora sé que la vida siempre sigue siendo bella y, finalmente, entendí porqué John-Roger se refirió a tu trascendencia como algo *"fantástico"*.

He logrado lo que parecía imposible: agradecerle a Dios esa dolorosa experiencia que me permitió conocer el sentido de la vida y de la muerte, y ver claramente las bendiciones que están detrás de tu partida. Y aquí sigo, sin parar, en un eterno etcétera, consciente más que nunca de que yo soy esa alma que habita en mi cuerpo, y muy segura del gran rencuentro que celebraremos tú y yo durante mi regreso a nuestro verdadero hogar.

Los Angeles, 4 de noviembre del 2016

Sobre la Autora

Elizabeth Baralt está unida a las letras desde muy niña. Sus cuentos eran seleccionados para exhibirse en las carteleras de la escuela donde asistía, en la placentera Caracas de los 60's. Ya en bachillerato, organizaba un periódico mural para mostrar no sólo sus escritos sino otros que ella escogía por sus buenas prosas. Eligió los estudios de Comunicación Social, en la Universidad Central de Venezuela, donde obtuvo la licenciatura sin dejar su interés por escribir ficción. Como periodista, tuvo una exitosa carrera profesional en su país de origen que la llevó a posiciones de jefatura y a formar parte de prestigiosos equipos de redacción de diarios y revistas. Más adelante, dio un salto a la escritura de guiones y la producción de películas de cine y videos, que se materializó en más de 20 años de experiencia. Residenciada en Estados Unidos desde el 2003, continuó labrando su trayectoria como escritora –ha realizado, además, varios libros como ghostwriter– siempre manteniendo el compromiso de cultivar el amor y la luz en su vida diaria. "Amar Más Allá de la Vida", su primer libro como autora, revela ese acuerdo esencial hecho con ella misma.